ATLAS
CIVILIZAÇÕES
Antigas

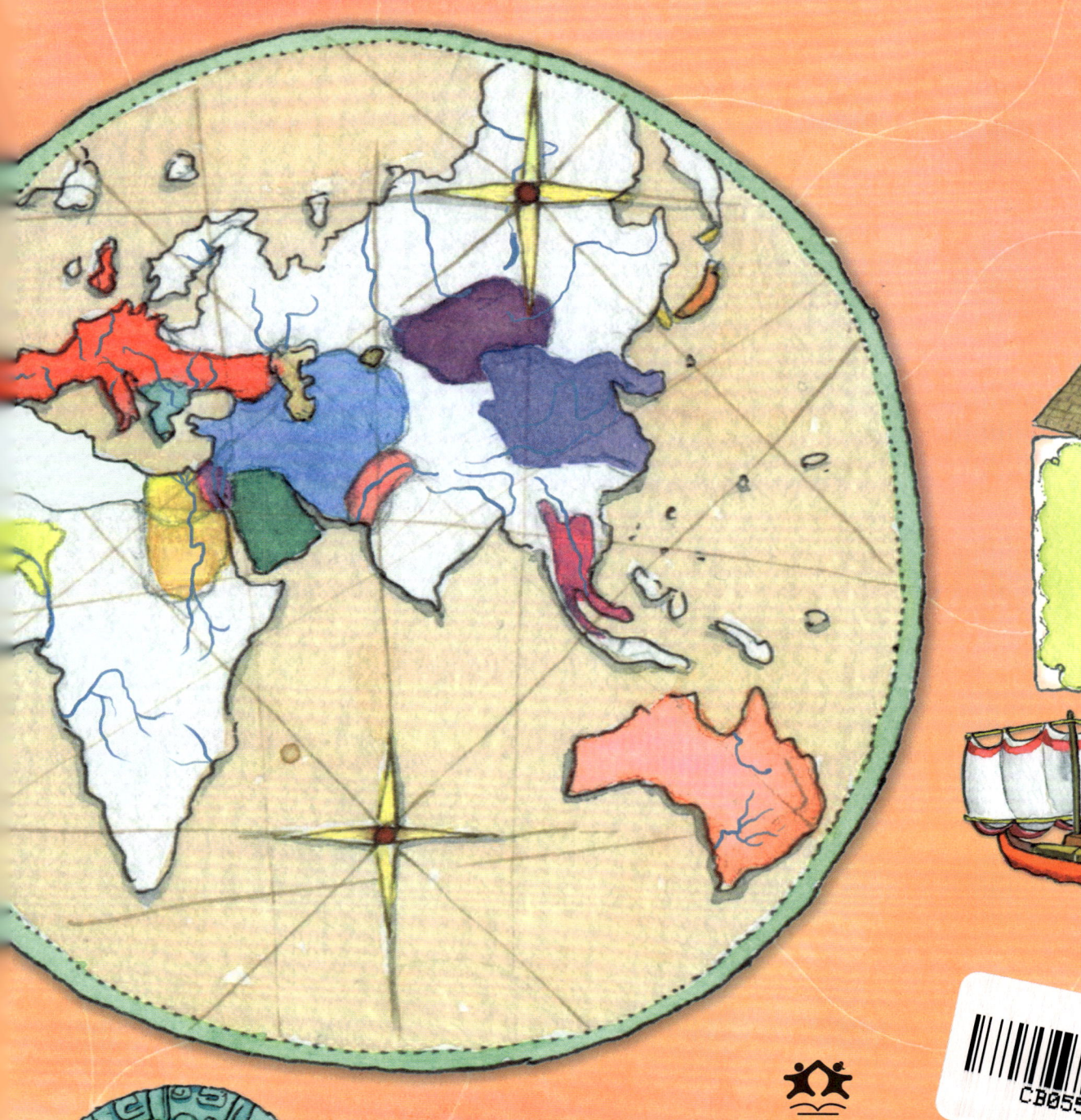

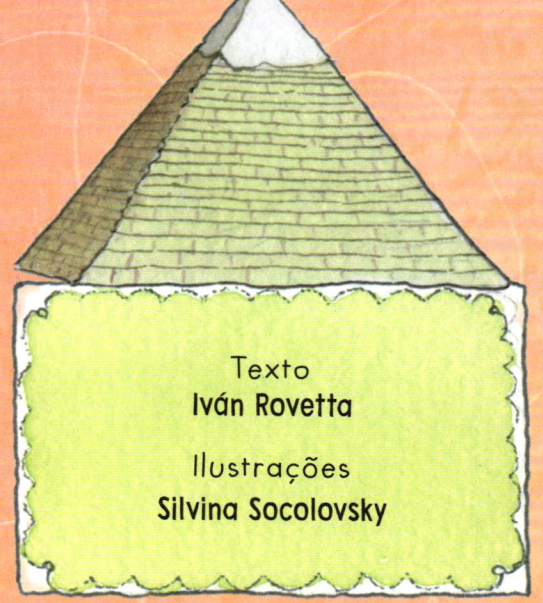

Texto
Iván Rovetta

Ilustrações
Silvina Socolovsky

MAPA DAS

De caçadores-coletores que não sabiam escrever a construtores de foguetes e habitantes da era digital. Como os seres humanos mudaram tanto? Não tem sido fácil!

Nossa história tem milhares de anos e está repleta de descobertas e criações incríveis, assim como de guerras e outros acontecimentos.

Venha descobrir tempos e culturas que parecem lendas, mas que foram reais e marcaram nossa história para sempre.

NESTE LIVRO, VOCÊ ENCONTRARÁ...

1 Mesopotâmia
O berço da civilização. Esta escultura representa Lamassu, uma divindade.

2 Egito
A misteriosa terra das múmias e dos faraós. Descubra a grande pirâmide de Quéops.

3 China
Uma cultura antiga que ainda está viva. Esta é a Cidade Proibida, em Pequim.

4 Mongólia
O segundo maior império da história. Seus guerreiros usavam arcos e flechas. Assim eram as iurtas, antigas tendas usadas pelo povo nômade.

5 Grécia
Filosofia, arte e teatro. Veja como era o Partenon.

6 Roma
Um império ao qual devemos grande parte da nossa vida cotidiana. Construíram o Coliseu, um grande anfiteatro.

7 Arábia
Uma civilização sofisticada emergiu das duras areias do deserto. Esse cubo é a Kaaba, um lugar sagrado.

8 Mesoamérica (astecas e maias)
Astrônomos, agricultores e fãs de jogos com bola. Eles também construíram pirâmides.

9 Império inca
O maior reino da América. Machu Picchu é uma das maravilhas do mundo moderno.

CIVILIZAÇÕES

Existiram – e ainda existem – tantas cidades, que seriam necessárias centenas de livros como este para falar sobre todas elas! Neste mapa, apresentamos algumas civilizações que você encontrará ao longo deste livro, assim como outras culturas que, embora não sejam exploradas aqui, são igualmente fascinantes. Aventure-se em suas histórias!

GRANDES CIVILIZAÇÕES E CULTURAS

10 Inuítes
Construtores de casas de gelo chamadas iglus.

11 Vikings
Guerreiros do frio que habitavam o norte da Europa.

12 Japão
As antigas ilhas dos guerreiros samurais!

13 Império Khmer
Eles construíram o maior templo do mundo, chamado Angkor Wat.

14 Índia
Religiões e conhecimentos antigos que ainda são praticados. Veja o templo Meenakshi Amman. Quantas cores!

15 Pérsia
Um império conhecido pela sua tolerância e pelos seus invencíveis soldados de elite. Veja o palácio em Persépolis (atual Marvdasht, no Irã)!

16 Iroqueses
Eles inventaram o lacrosse, um esporte antigo que ainda é praticado. Viviam em tendas chamadas tipis.

17 Império do Mali
O maior império da África Ocidental. Eles construíram a mesquita de Djenné, feita de barro.

18 Aborígenes australianos
A cultura mais antiga existente até hoje. Eles usam uma espécie de flauta grande chamada *didjeridu*.

MESOPOTÂMIA

Mesopotâmia significa "terra entre rios" e é o nome da região que fica às margens dos rios Tigre e Eufrates, onde surgiram diversas culturas. Nessa região do Oriente Médio, conhecida como Crescente Fértil, diferentes povos se estabeleceram, desenvolvendo, entre outras coisas, a agricultura e o pastoreio.

Cada civilização teve suas invenções, mas a Mesopotâmia foi a primeira em muitas coisas.

INVENÇÕES

A roda
Parece algo simples, não é? Mas foi uma das maiores revoluções tecnológicas da humanidade!

Código de Hamurabi
É o primeiro código de leis da história! Muito avançado, mas bastante brutal: se você arrancasse o olho de alguém, um olho seria arrancado de você... Ou seja: "olho por olho, dente por dente"!

Sistema Sexagesimal
Por que uma hora tem sessenta minutos? Pergunte aos sumérios. A ideia foi deles!

A Guerra
As cidades sumérias de Lagash e Umma lutaram durante mais de cem anos. Foi a primeira guerra conhecida!

Torre de Assalto e Aríete
Essas armas foram inventadas pelos assírios. Assim como as deportações em massa. Eles eram famosos por sua crueldade! 

QUANDO E ONDE VIVERAM

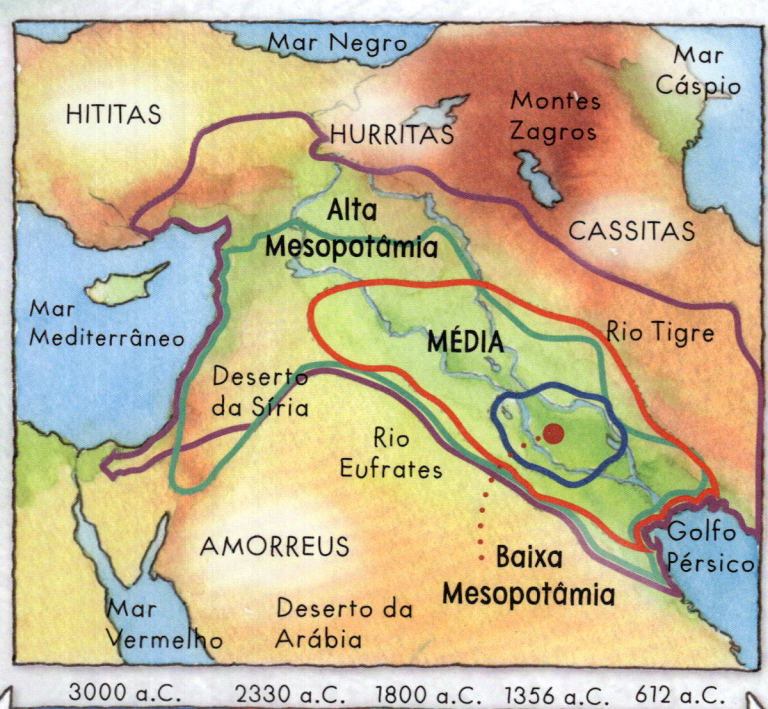

ENTRE OS RIOS EUFRATES E TIGRE
5.500 a.C. – 559 a.C.

Não era uma civilização homogênea! Na Baixa Mesopotâmia, ficavam Suméria e Acádia, que mais tarde se tornaria a Babilônia. Já a Assíria, ficava na Alta Mesopotâmia. Mas outros povos também estavam por ali: os hititas, os hurritas, os cassitas, os amorreus, etc. Eles conquistavam uns aos outros e lutavam o tempo todo. Uma confusão!

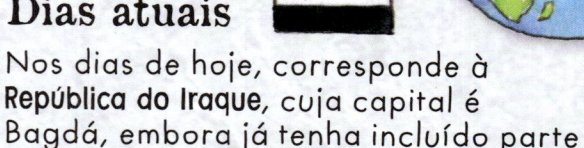

Dias atuais
Nos dias de hoje, corresponde à República do Iraque, cuja capital é Bagdá, embora já tenha incluído parte da Síria, Turquia, Kuwait e Irã. Era muito grande!

Escrita
A escrita cuneiforme é considerada a primeira da história! Foi inventada na Suméria e, assim como o nosso alfabeto, foi usada em vários idiomas. Era escrita em peças de barro com um pedaço de madeira ou metal.

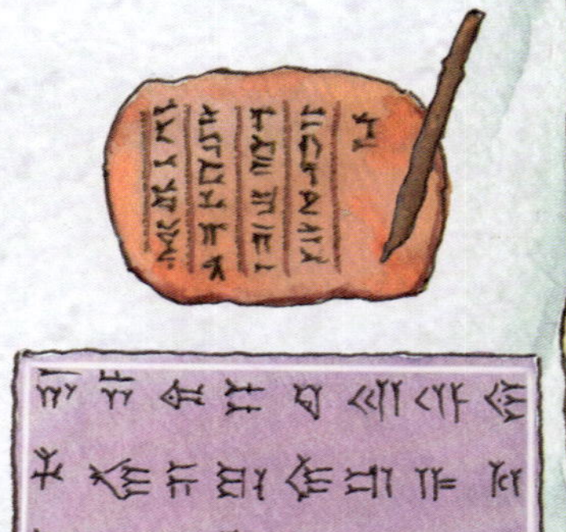

3000 a.C.	2330 a.C.	1800 a.C.	1356 a.C.	612 a.C.
Civilização suméria	C. acádia	C. babilônica	C. assíria	Invasão persa

ASSURBANIPAL

Último grande imperador assírio. Chamavam-no de rei do mundo! Ele era muito culto e construiu a biblioteca de Nínive... Os livros eram espólio de guerra, ou seja, obtidos dos inimigos!

UR-KURIGALZU

As ruínas dessa cidade e seu **zigurate** (monumento em forma de pirâmide) estão localizados perto de Bagdá.

CIDADES PRINCIPAIS

EPOPEIA DE GILGAMESH

Você gosta de livros de aventura? A Epopeia de Gilgamesh é o mais antigo. **Foi escrito em doze tábuas de argila.**

Imagine ter de carregá-las na mochila!

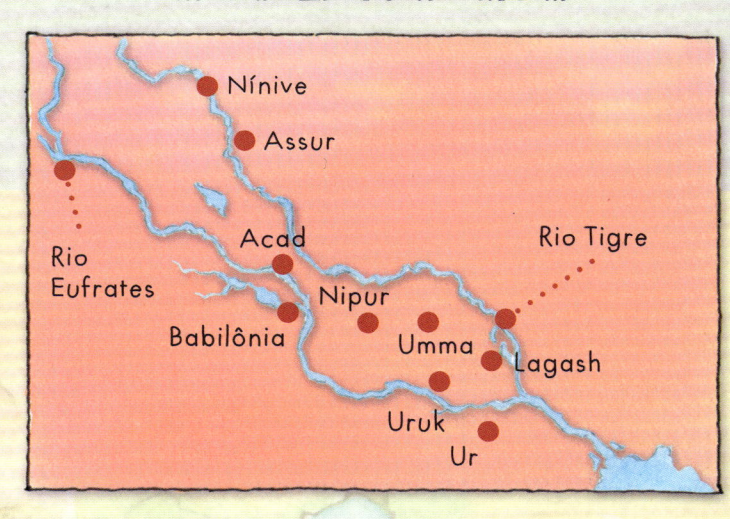

Uruk
A primeira cidade que conhecemos! Foi **construída pelos sumérios**. Depois, surgiram as **cidades-Estado**: cada uma tinha suas leis e até seus deuses.

Babilônia
A cidade das cidades! É tão importante que falaremos sobre ela mais adiante.

Acad
Foi **fundada pelo rei Sargão** e foi a capital do Império Acadiano. Não se sabe exatamente onde estava localizada!

Assur
A primeira **capital da Assíria** recebeu o nome de seu deus guerreiro: Assur. Era grandiosa até que foi completamente destruída pelo **Império dos Medos** (povo que habitava a Mesopotâmia média, ao noroeste da Pérsia).

REI HAMURABI

Criador do famoso código de leis. Ele transformou a Babilônia em um império lendário.

TEMPLO BRANCO DE URUK

A cidade é conhecida pelo seu famoso rei Gilgamesh.

ENHEDUANA

Esta princesa poetisa foi a **primeira escritora da história.**

Canções Hurritas

São a composição musical escrita **mais antiga** do mundo.

ZIGURATE DE UR

Está muito bem preservado. Os zigurates eram **templos em forma de pirâmide escalonada**, ou seja, com degraus. Como eram feitos de tijolo, não chegaram aos dias de hoje em bom estado.

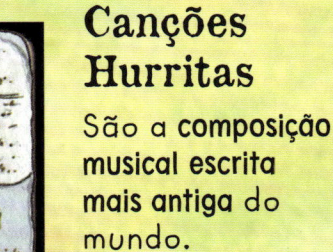

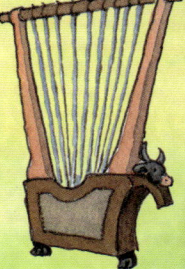

LAMASSU

Corpo de touro, asas de águia e cabeça de homem barbudo! Assim eram os lamassus, **seres divinos que protegiam as cidades assírias.**

A MÍTICA BABILÔNIA

Em 612 a.C., a dinastia caldeia libertou a Babilônia dos Assírios e, com isso, iniciou sua era de maior esplendor. Atravessada pelo rio Eufrates, tornou-se a maior e mais populosa cidade da sua época. Foi tão impressionante que inspirou todos os tipos de lendas! Vamos separar o mito da realidade?

NABUCODONOSOR II

O rei mais famoso da Babilônia. Ele foi um grande guerreiro e um dos vilões da Bíblia! Mas também foi um grande construtor. Ele queria que sua capital fosse mítica e conseguiu esse feito.

Ele se casou com a princesa Amitis do Império Medo. Dizem que ela sentia falta do verde de seu país, então o rei construiu para ela os famosos jardins suspensos.

MAPA DA CIDADE

Canais — Paredes — Porta de Ishtar

Era tão grande que nela caberiam mais de 1.600 campos de futebol!

A Babilônia tinha oito portas, todas com nomes de deuses. A mais importante foi a Porta de Ishtar.

PORTA DE ISHTAR

Foi construída por Nabucodonosor II. Tinha 25 metros de altura.

DEUSA ISHTAR

Ishtar era a deusa do amor, da beleza e da fertilidade. Inspirou a deusa grega Afrodite!

O azul estava na moda na Babilônia! Queriam imitar o lápis-lazúli, uma pedra preciosa originária do Afeganistão.

Talvez tivesse até piscina... Esses reis sabiam aproveitar!

Eles tinham de direcionar a água do rio lá para cima e, depois, deixá-la cair para regar os jardins.

Para chegar à porta era preciso caminhar pela Avenida das Procissões.

MUSHUSSU

É o dragão do deus Marduk. Está representado entre os animais que decoram a porta.

AS MURALHAS

Cerca de 9 metros de largura.

Os primeiros historiadores gregos pensavam que, por cima da muralha, podiam passar cerca de quatro carruagens com quatro cavalos. Como se fosse uma grande rodovia!

JARDINS SUSPENSOS

Era um **edifício escalonado** com terraços cheios de árvores. Nada parecido com isso jamais foi visto!

Não se sabe se esses jardins de fato existiram, nem a sua localização, mas eles despertaram grande fascínio. Por isso, foram considerados uma das **Sete Maravilhas do Mundo Antigo**. E ainda estão sendo procurados!

Como eles conseguiram isso? Talvez com uma **roda d'água** (máquina para tirar água de poços ou cisternas).

O piso era **isolado com betume**. Caso contrário, tudo inundaria!

PONTE NABOPOLASSAR

O rio dividia a cidade em duas metades que eram unidas por **uma ponte**.

Foi construída pelo pai de Nabucodonosor.

E havia um **fosso defensivo**!

Havia alguns **canais, ruas inundadas**, assim como em Veneza.

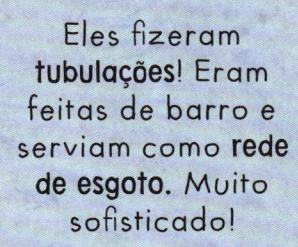

Eles fizeram **tubulações**! Eram feitas de barro e serviam como **rede de esgoto**. Muito sofisticado!

TORRE DE BABEL

Segundo a **Bíblia**, nos tempos antigos, tentaram construir **uma torre que alcançasse o céu**. Para evitar isso, Deus fez com que os trabalhadores não conseguissem se entender. E é por isso que falamos **línguas diferentes**! É o mito da Torre de Babel.

Foi assim que imaginaram a torre na **Idade Média**!

TORRE ETEMENANKI

A **torre original** que deu origem ao mito era um **zigurate de 91 metros**.

No topo, havia um templo, onde acreditavam que morava **Marduk**, o **deus guardião** da cidade.

MUSHUSSU
Ele sempre acompanhava seu deus.

Você sabe quem terminou de construir a torre? Foi **Nabucodonosor II**! Ele fazia de tudo!

A TÁBUA DE ESAGILA

Contém uma **equação matemática** com as medidas do zigurate.

Você pode imaginar suas anotações entrando para a história?

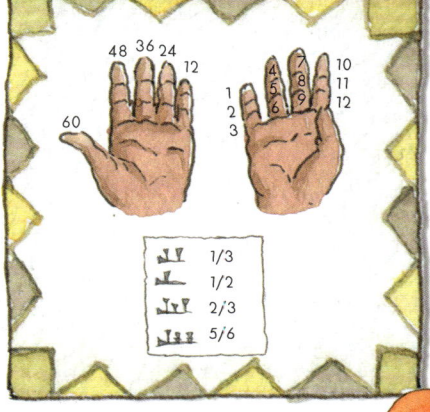

Para ser um bom arquiteto é preciso ser **bom em matemática**. E eles eram! Além disso, contavam usando as falanges dos dedos.

ANTIGO EGITO

Se você vive em um lugar rodeado pelo deserto, é melhor encontrar um local com água e sombra. É por isso que os **egípcios**, que eram pessoas inteligentes, **construíram a sua civilização às margens do Nilo**, um dos maiores rios do planeta.

Era uma **cultura** muito **avançada e grandiosa** que nos deixou templos, pirâmides e algumas das maravilhas do mundo.

Alexandria

Mais de 3.000 anos de história, 30 dinastias, 300 faraós...

Faraós

HATSHEPSUT
Uma das **primeiras mulheres** da história a governar um império.

RAMSÉS II
Um **faraó guerreiro**. Ele construiu muitos templos e trouxe uma das eras mais prósperas para o Egito. Reinou por 66 anos!

NARMER
Ele **unificou o Egito** e se tornou o **primeiro faraó**. Mas foi esmagado até a morte por um hipopótamo.

Crocodilópolis
Havia uma cidade onde os crocodilos eram adorados! Eles eram chamados de petesucos e eram **sagrados**. Era comum colocar brincos e pulseiras de ouro neles.

Múmias de gatos
Milhares de múmias de gatos foram encontradas na cidade de Bubástis. **Eram adorados como deuses**. O que é compreensível, afinal, eles são superfofos!

A necrópole de Gizé
Os egípcios construíram mais de cem pirâmides. Eles adoravam esses monumentos! As mais importantes são **três grandes pirâmides de Gizé**. Eram vigiadas pela **Grande Esfinge**, que tinha corpo de leão e rosto humano.

Esfinge

Dahshur
As primeiras pirâmides ficaram um pouco estranhas, como nesta cidade, mas é a **prática que leva à perfeição**!

Dahshur

QUANDO E ONDE VIVERAM

COROAS
- Baixo Egito
- Império unificado
- Alto Egito

Mar Mediterrâneo
Delta
BAIXO EGITO
Deserto da Arábia
Deserto da Líbia
Rio Nilo
Mar Vermelho
ALTO EGITO
Núbia

O Nilo
Sem agricultura não há civilização! Felizmente, existe o Nilo, que **atravessa todas as terras do Egito** e desemboca no Mediterrâneo. Suas **cheias e inundações** anuais **fertilizavam a terra** e possibilitavam o **crescimento** das **colheitas**. Além disso, fornecia comida e água potável ao povo e serviu para conectar diferentes cidades. **Um verdadeiro rio de vida**.

ÀS MARGENS DO NILO
3.200 a.C. – 30 a.C.

DEUS HAPI
Ele era o deus das inundações do Nilo.

Dias atuais
Hoje em dia é chamada de **República Árabe do Egito** e sua capital é **Cairo**. A sua cultura mudou há muito tempo, mas centenas de monumentos e vestígios do passado permanecem.

Escrita
Eles escreviam com **hieróglifos**: desenhos e símbolos que podiam ser escritos em todas as direções. Eram tão complicados que também criaram **escritas hieráticas e demóticas**, que eram mais simples e usadas quando estavam com pressa.

CIDADES PRINCIPAIS

Alexandria
Nomeada assim em homenagem a Alexandre, o Grande. Tinha a **melhor biblioteca da época** e o primeiro farol da história! Aqui viveu a famosa **Cleópatra**, última rainha do **Egito**.

Mênfis
A primeira capital e a maior cidade do mundo em seu tempo! Como era rodeada por um grande muro branco, chamavam-na de "Muro Branco". Tão criativo, não?

Tebas
Onde se localizavam os templos de Karnak e Luxor. Ambos **eram unidos por uma grande avenida** que tinha mais de **mil esfinges**. Que exagero!

O NILO
Era como uma enorme estrada fluvial! Por ele, passavam todos os tipos de navios para **comércio e transporte de matérias-primas**.

Os soldados guardavam as fronteiras! **O Egito invadiu territórios e sofreu invasões**, como a dos persas, por exemplo.

O TEMPLO DE ABU-SIMBEL
Quase foi inundado pela represa de Assuã, em 1968.

Como se fosse um conjunto enorme de blocos de montar, **desmontaram** e **montaram** novamente em outro lugar.

A Espanha ajudou nesse projeto e, em agradecimento, Madri recebeu o **templo de Debod**.

Núbia
Ao sul, ficava o **reino de Kush**. Ali, construíram duas vezes mais pirâmides do que no Baixo Egito, só que bem menores.

Labels no mapa: Biblioteca de Alexandria, Bubástis, Pirâmides de Gizé, Gizé, Mênfis, Pirâmide de degraus de Djoser, Fayum, Crocodilópolis, TEMPLO DE KARNAK, Guardiões do Templo de Luxor, Abidos, Vale dos Reis, Colossos de Mêmnon, Tebas (mais tarde, Luxor), Ilha de Filas, Ilha Elefantina, Templo de Hatshepsut, Assuã, Primeira cachoeira, Templo de Abu-Simbel, TEMPLO DE ÍSIS na ilha de Filas, Soldados persas, Viajavam em camelos, Ouro, Pedra, Pedreiras, TEMPLO FUNERÁRIO

VIAGEM PARA O ALÉM

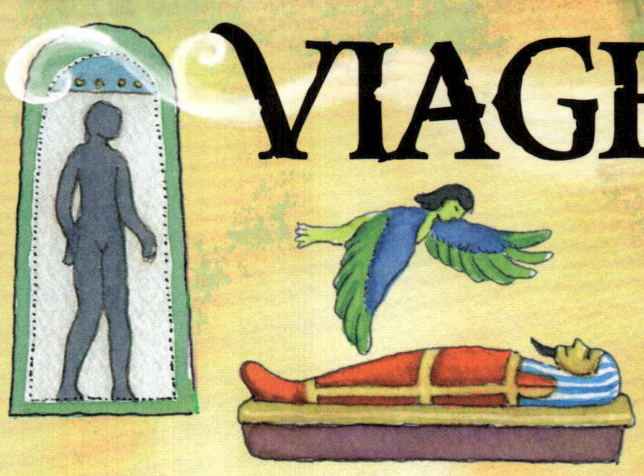

No Antigo Egito, **a morte** era apenas o começo de uma grande aventura. Por isso, construíram diversos túmulos e tantas **múmias**: eram como uma agência de viagens para o além!

Construção das Pirâmides

Ainda hoje, seria difícil construir a Grande Pirâmide (de Gizé). Os egípcios levantaram-na à mão e **sequer conheciam a roda**!

Não foram construídas **por escravos**, mas por trabalhadores que ganhavam um salário e eram muito bem alimentados.

As grandes pedras eram **trazidas de barco**, e os trabalhadores aproveitavam a cheia do Nilo para deixá-las o mais próximo possível do local da construção.

A **Grande Pirâmide de Quéops** (2550 a.C.), em Gizé, foi o edifício mais alto do mundo durante quase quatro milênios! O objetivo de sua construção era ajudar o falecido faraó Quéops a alcançar seu destino no outro mundo.

Foram necessários **trinta anos** para terminá-la. Mas valeram a pena o tempo e o esforço, não acha?

Subiam as pedras usando rampas.

Eles cobriram todo o exterior da pirâmide com calcário branco. Assim, a luz do sol se refletia nela! (Mas hoje pouco resta desse revestimento.)

Para mover as pedras grandes, eles tinham que colocá-las em "trenós" e arrastá-las pela areia molhada. Era um trabalho exaustivo!

A múmia era colocada em vários **sarcófagos**, um dentro do outro.

Câmara do faraó

Deixavam com ela seus pertences e até comida: imagine se, depois de tanta preparação, a múmia morresse de fome!

Câmara subterrânea

Como se prepara uma múmia

1- Lave o corpo com a água do Nilo.

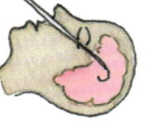

2- Extraia o cérebro pelo nariz com um gancho.

3- Retire os órgãos, exceto coração e rins, através de uma incisão na lateral do corpo.

4- Encha o corpo com mirra, para tirar o odor ruim, e cubra-o com natrão, um sal que o deixa bem seco.

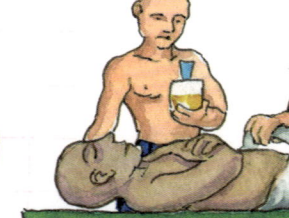

5- Enrole a múmia em bandagens até deixá-la bem bonita.

Vasos Canópicos

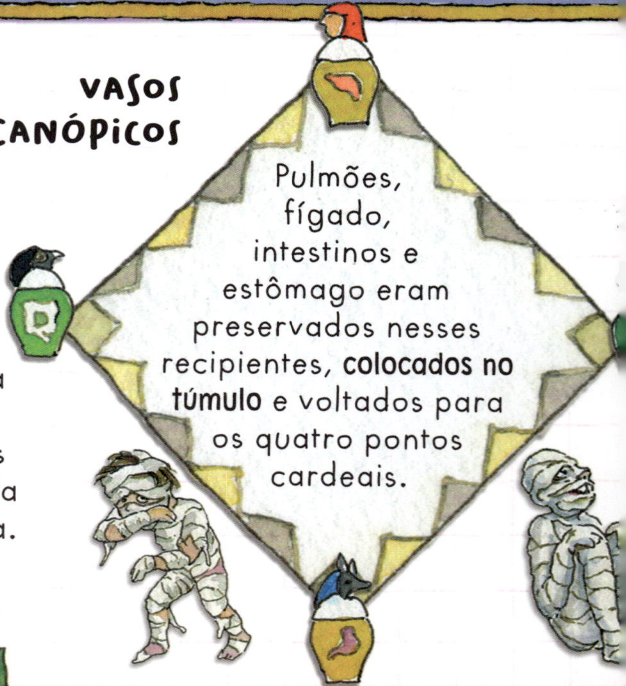

Pulmões, fígado, intestinos e estômago eram preservados nesses recipientes, **colocados no túmulo** e voltados para os quatro pontos cardeais.

BILHETE PARA O REINO DOS MORTOS

O falecido tinha que atravessar o **Duat, o submundo**, que era um território cheio de perigos.

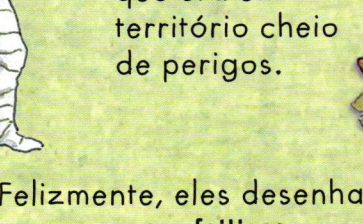

Felizmente, eles desenharam **mapas** e **feitiços** para se orientarem, como o *Livro dos Mortos* ou o *Livro de Amduat*. Os egípcios pensaram em tudo!

Galerias

Câmara da rainha

A pirâmide tinha passagens, quartos falsos e armadilhas para afastar ladrões de sepulturas.

Mesmo assim, alguém **roubou** a múmia de Quéops. Eca!

ANÚBIS
Deus **guardião dos túmulos** e protetor dos mortos.

LIVRO DAS PORTAS

RÁ
Deus do Sol, **criador do universo**. Viajava pelo céu todos os dias, iluminando a Terra.

Mas, todas as noites, ele tinha que passar pelo submundo e sobreviver! *O Livro das portas* narra essa jornada. Se estudá-lo, você poderá saber o que o espera do outro lado!

O **Duat**, o submundo, é atravessado de barco, como se fosse o Nilo.

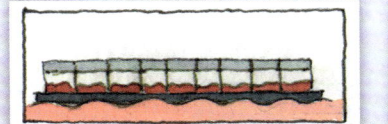

As múmias aguardando sua **ressurreição**.

Olhe a **cobra**. O Duat está cheio delas!

Anúbis conduz o falecido ao **tribunal**.

Em seu trono, **Osíris** espera para **julgar** os mortos!

Nesta **balança**, o coração de cada morto é **pesado**. Se pesar menos que uma pluma, ele será digno da vida eterna. Caso contrário, será condenado!

Hórus conduz os condenados em direção a uma **serpente** que **cospe fogo**.

ALGUNS DEUSES QUE ESPERAVAM POR QUÉOPS

A qualidade da mumificação dependia do dinheiro que se podia pagar!

OSÍRIS
Deus do bem e da agricultura. Foi morto por seu irmão Seth, mas ressuscitou e tornou-se rei do submundo. **Ele julgava as almas que desejavam a vida eterna.**

ÍSIS
Esposa de Osíris. Ela se transformou em um pássaro para buscar os restos mortais de seu amado. Dizem que as **cheias do rio Nilo** eram provocadas por suas lágrimas. Ela era muito popular no Egito!

HÓRUS
Deus dos céus. Filho de Ísis e Osíris. Ele matou Seth para vingar seu pai, mas **perdeu um olho** no combate.

SETH
Ele era o vilão. Cortou seu irmão Osíris em pequenos pedaços e os espalhou por todo o Egito! Foi responsável por provocar caos e seca.

13

UM DIA NO EGITO

Nem tudo era vida após a morte... Também existia vida antes da morte! Quem dera pudéssemos passar um dia em uma cidade do Antigo Egito e conversar com seus habitantes. O que descobriríamos?

PEDRA DE ROSETA

Durante séculos, ninguém entendeu os textos egípcios! Felizmente, em 1799, foi encontrada a Pedra de Roseta, um **decreto de Mênfis** escrito em **hieróglifo, demótico e grego antigo**. Comparando as escrituras, tornou-se possível decifrar o idioma. Graças a isso, sabemos muito mais sobre a vida e cultura egípcias!

DIETA DE CERVEJA

Eles bebiam muita cerveja. E até usavam a bebida para pagamento dos salários. Mas se tratava de uma **cerveja nutritiva**, adoçada com tâmaras, que fazia parte da sua alimentação e era um **recurso tão básico** quanto o pão.

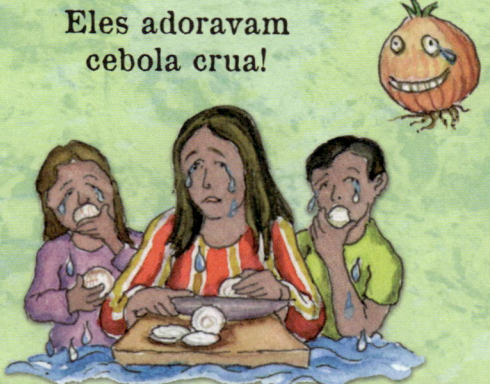

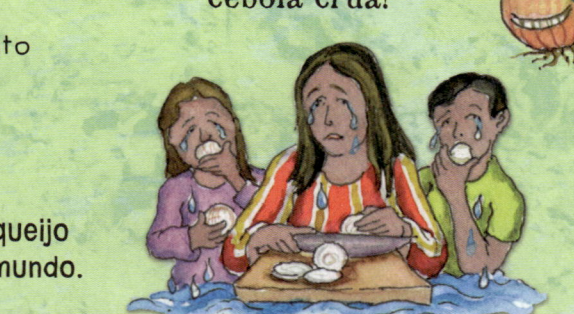

Eles adoravam cebola crua!

No Egito, foi descoberto o **queijo mais antigo do mundo**.

ESCOLA... SÓ PARA POUCOS!

A escola era **reservada a uma minoria**, além de muito restrita. Eram ensinados apenas conhecimentos de **geometria** ou **matemática**. E o mais importante: **leitura e escrita!**

Poucas **meninas iam à escola**. A maioria foi educada em casa.

ESCRIBA

Foi uma das profissões com mais futuro no Egito, devido à sua importância para o funcionamento do Estado.

Eles criavam gado.

AS CASAS

Eram feitas de adobe (tijolo rudimentar), pois a madeira era escassa.

Padaria

Jogavam lixo na rua!

Entrada para a cidade

Eles já fabricavam bolas. Você consegue se imaginar jogando futebol nas ruas do Antigo Egito?

E os macacos eram domesticados. Que impressionante!

O TRABALHO NO CAMPO

A maioria da população era **composta de camponeses**. Eles não eram muito bem tratados, apesar de alimentarem o país inteiro!

A **plantação** ocorria no **outono** e a **colheita**, na **primavera**. Ou seja, considerava-se o período em que o Nilo estava baixo, sendo possível trabalhar a terra!

Pescavam.
Caçavam.
Cultivavam a terra.
Oficina de cerâmica
Carpintaria

MERCADO
Eles não tinham dinheiro! Usavam um sistema de troca.

QUANTA VAIDADE!

Homens e mulheres usavam **maquiagem** para proteger a pele. Seu cosmético favorito era um tipo de pó chamado kohl. Eles geralmente raspavam a cabeça para evitar piolhos, usavam perucas elegantes, além de **cones de perfume** que, com o calor do ambiente, fazia a fragrância escorrer pelo corpo. Eles eram assim: lindos, pegajosos e cheirosos!

ARTESANATOS

Havia muita **igualdade entre homens e mulheres** naquela época. Elas podiam ser sacerdotisas, ter propriedades e negócios, além de desempenhar muitos trabalhos.

PIRÂMIDE SOCIAL

Era uma sociedade muito vertical!

No **topo**, estava o **faraó**, que era tratado como um deus. Na parte **inferior**, estavam os **escravos**, que não tinham nenhum direito. Apesar do que se pensa, representavam um número pequeno. Já no **meio** da pirâmide, havia toda uma hierarquia de **nobres, sacerdotes, funcionários, soldados** e **artesãos**.

O papiro

O papiro é uma planta que **cresce nas margens do Nilo**. Com ele, foi fabricado o antecessor do papel, uma grande contribuição do Egito para a humanidade! Mas o papiro não era usado apenas para a escrita. Com essa planta, os egípcios faziam **cordas**, **sandálias** e até **barcos**!

VAMOS FESTEJAR

Além de trabalhar e comer, os egípcios também sabiam se divertir! Havia muitas **festividades** no Egito, principalmente de cunho religioso, com procissões e muito mais.

Uma das festas mais famosas era o **festival Opet**, que durava quase um mês, e que ainda é **comemorado em Luxor**!

ARÁBIA ISLÂMICA

Das vastas areias do deserto, nasceu uma **cultura de nômades, mercadores e guerreiros** que mudou a história de muitos povos atuais. Os árabes difundiram **o Islã ou Islamismo**, uma religião praticada atualmente por cerca de 1,8 bilhão de pessoas.

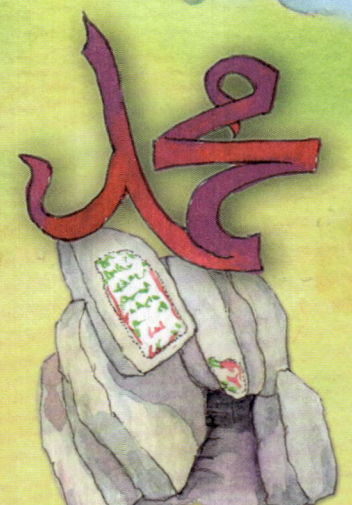

Maomé
Um dia, Maomé estava meditando quando o **arcanjo Gabriel** desceu e lhe revelou a palavra de Deus.

Então, o profeta começou a pregá-la, mas nem todos os árabes gostaram da nova fé. Eles passaram anos matando uns aos outros para ver quem estava certo. No final, o Islã venceu!

Dizem que a Lua se dividiu em duas partes para provar que **Maomé não mentiu!**

A Hégira
No ano 622 d.C., Maomé e seu povo tiveram de **fugir de Meca** para salvar suas vidas. Essa data marca o início do calendário islâmico.

O Alcorão
É o livro sagrado dos muçulmanos. É como a Bíblia para os cristãos – traz a palavra de Deus. Muitos o decoram no árabe original!

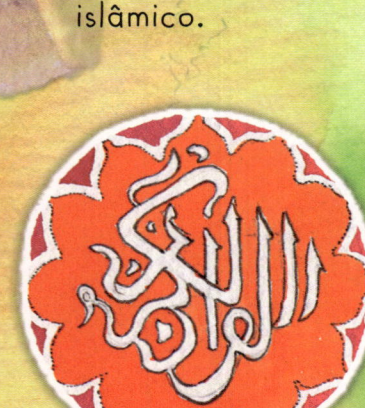

CALIFAS
Assim são chamados os **sucessores de Maomé**. Seus reinados (ou mandados) são denominados califados, como o **Califado Rashidun** ou o **Califado Omíada**.

Você sabia que judeus, cristãos e muçulmanos acreditam em um só Deus?

QUANDO E ONDE VIVERAM

A era de ouro do Islamismo
PENÍNSULA ARÁBICA
Séculos VII a XIII d.C.

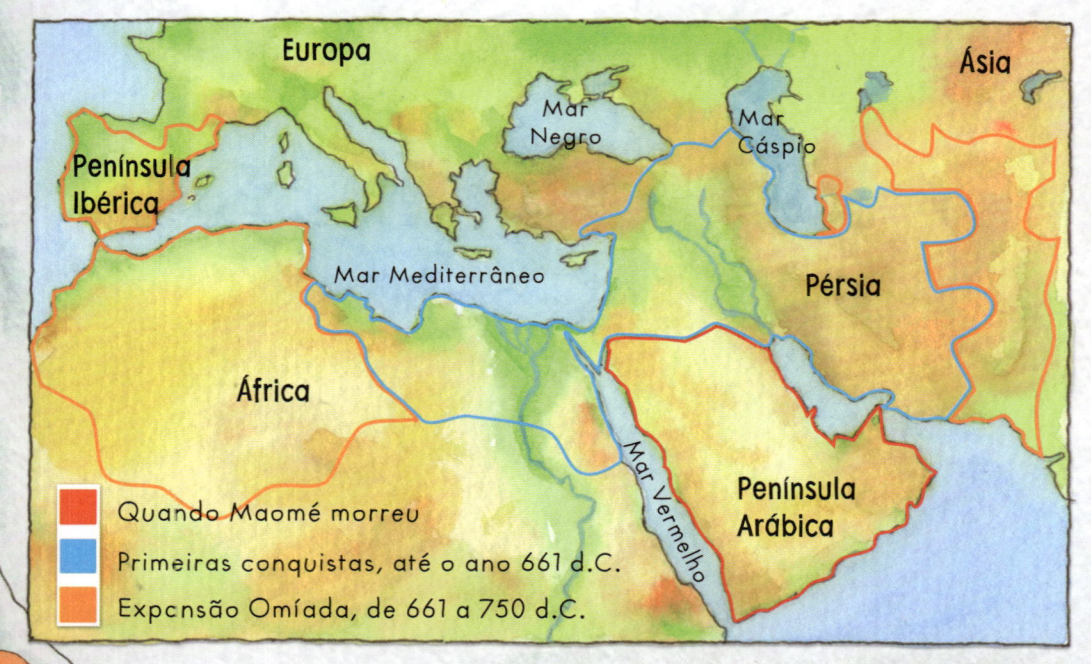

- 🟥 Quando Maomé morreu
- 🟦 Primeiras conquistas, até o ano 661 d.C.
- 🟧 Expansão Omíada, de 661 a 750 d.C.

Os árabes se expandiram muito rapidamente. Ao leste, conquistaram a **Pérsia**, e a oeste, chegaram à **Península Ibérica**! Trouxeram muito progresso, mas também o comércio de escravos. Por quase oito séculos, habitaram a região de Al-Andalus, onde hoje é a atual Espanha. Daí o nome da comunidade espanhola Andaluzia!

Escrita
O alfabeto árabe é chamado de **alifato** e se lê da direita para a esquerda! Muitas vezes as vogais não são escritas, o que dificulta a compreensão dos textos.

Dias atuais
A região central estava, sobretudo, na **Arábia Saudita**, cuja capital é Riade. Também abrangeu Omã, Catar, Iêmen e Emirados Árabes Unidos, entre outros países.

ا ب ت ث ج ح خ
د ذ ر ز س ش ص ض
ط ظ ع غ ف ق ك
ل م ن ه و ي

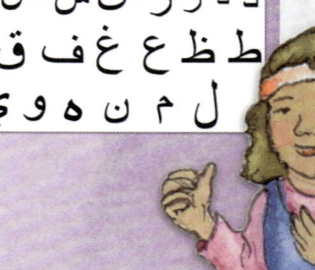

Cúpula da Rocha, Jerusalém

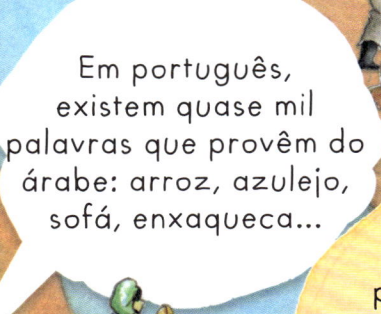

Forte de Thula

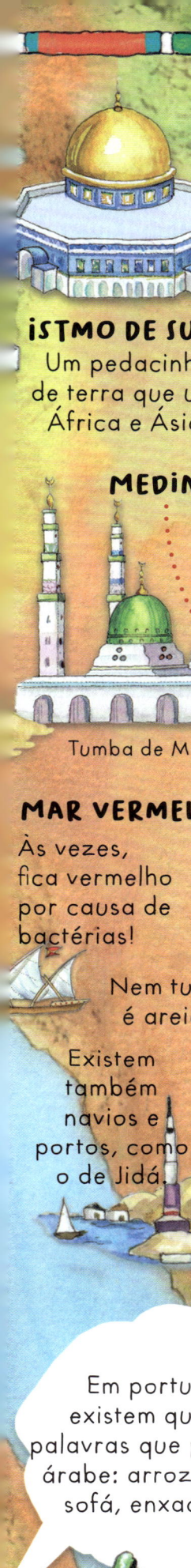

CIDADES PRINCIPAIS

ISTMO DE SUEZ
Um pedacinho de terra que une África e Ásia!

Mesquita de Samarra

Séculos antes de Maomé, já existiam reinos muito ricos na Arábia, como o **reino de Sabá**.

MEDINA

Oásis

BAGDÁ
CIDADE REDONDA

Veja que arquitetura surpreendente eles fizeram.

Tumba de Maomé

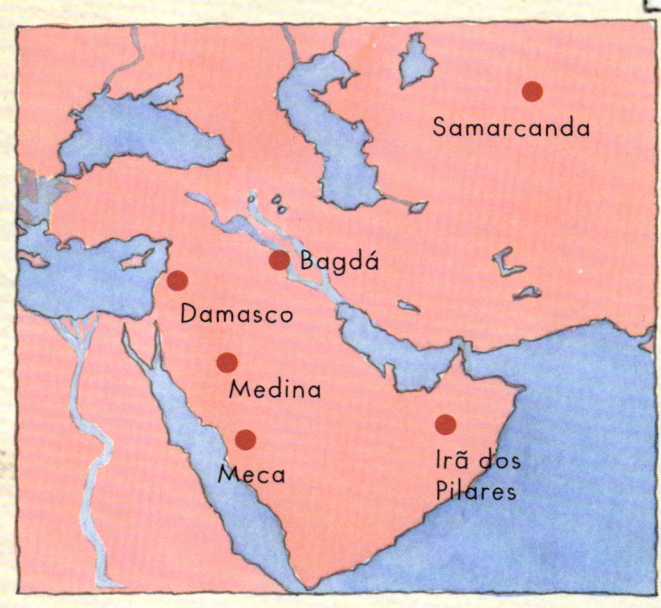

Meca
Onde Maomé nasceu! A Kaaba fica nessa cidade, por isso é a mais importante.

Medina
Aqui **foi revelada** a outra parte do Alcorão. Foi a primeira cidade a ser regida pelos princípios religiosos adotados por Maomé.

Damasco
O califado Omíada transferiu a capital de Medina para essa cidade.

Bagdá
Um grande centro cultural! Era chamada de *"cidade da paz"*.

MAR VERMELHO
Às vezes, fica vermelho por causa de bactérias!

Nem tudo é areia!

Existem também navios e portos, como o de Jidá.

Meca

IRÃ DOS PILARES
Uma grande cidade pré--islâmica que foi engolida pelas areias do deserto!

NIZARIS
Era uma seita formada por alguns assassinos de elite. Eram chamados de **hashashin**! Desse termo derivou a palavra "assassino".

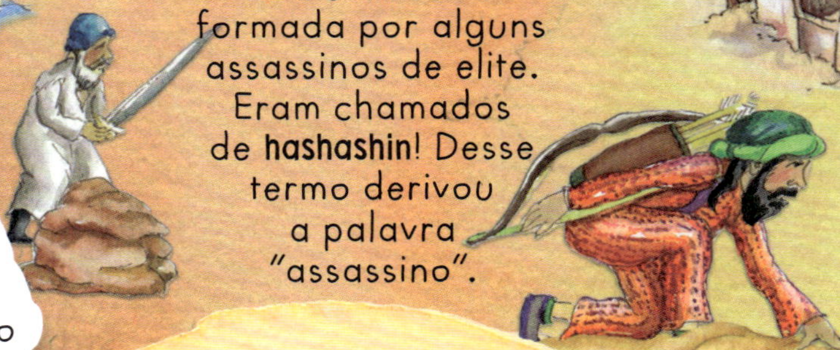

Em português, existem quase mil palavras que provêm do árabe: arroz, azulejo, sofá, enxaqueca...

A KAABA
É o **lugar mais sagrado do Islã**, embora já existisse antes de seu surgimento. É um enorme cubo vazio. Se você é muçulmano, precisa ir vê-lo pelo menos uma vez na vida.

A PEDRA NEGRA
É possivelmente um pedaço de meteorito...

Beduínos
Eram tribos do deserto formadas por mercadores, pastores... Eles se expandiram por todo o **Norte da África**. Andavam em **camelo**, e um de seus principais alimentos eram **tâmaras**.

... que caiu do céu! Dizem que era branca, mas ficou negra por causa dos **pecados da humanidade**.

O LEGADO ÁRABE

Os árabes **difundiram sua cultura por três continentes**, mas também aprenderam muito com tudo o que viram! Eles unificaram os conhecimentos e estudaram com afinco. Em poucos séculos, tornaram-se geniais em **matemática**, **filosofia** e **astronomia**.

BAGDÁ
Capital cultural do Islã

AL-MA'MUN
Foi um califa da **dinastia Abássida** que se preocupava muito com a ciência e a cultura.

Você se lembra da **pirâmide de Quéops**? Al-ma'mun abriu um túnel dentro dela para ver se havia tesouros!

A Casa da Sabedoria
Era uma universidade, biblioteca e um centro intelectual onde se estudavam conhecimentos do mundo todo, e que eram conhecidos pelos árabes. Facilitou os **avanços alcançados pelo Islã**.

MOVIMENTO DE TRADUÇÃO
Neste centro intelectual, muitas obras da Índia, Assíria e Grécia foram traduzidas para o árabe. Assim, os alunos podiam ler em seu próprio idioma!

AS MIL E UMA NOITES

O pai de Al-ma'mun protagoniza muitas histórias de *As mil e uma noites*, em que a princesa Scheherazade conta histórias a um sultão persa para que ele não a mate. E ela se saiu muito bem!

ALCUARISMI
Se você tem redes sociais, conhece bem a palavra "algoritmo". Ela vem do nome desse grande matemático, que chefiou a **Casa da Sabedoria**.

OS NÚMEROS
Os muçulmanos os trouxeram da Índia para a Europa. Eles evoluíram para os números que usamos hoje!

Incêndio em Bagdá
Em 1258, os **mongóis queimaram toda a cidade**, incluindo a Casa da Sabedoria. Tanta coisa foi perdida nesse acontecimento, que ele marcou o fim da era de ouro do Islã!

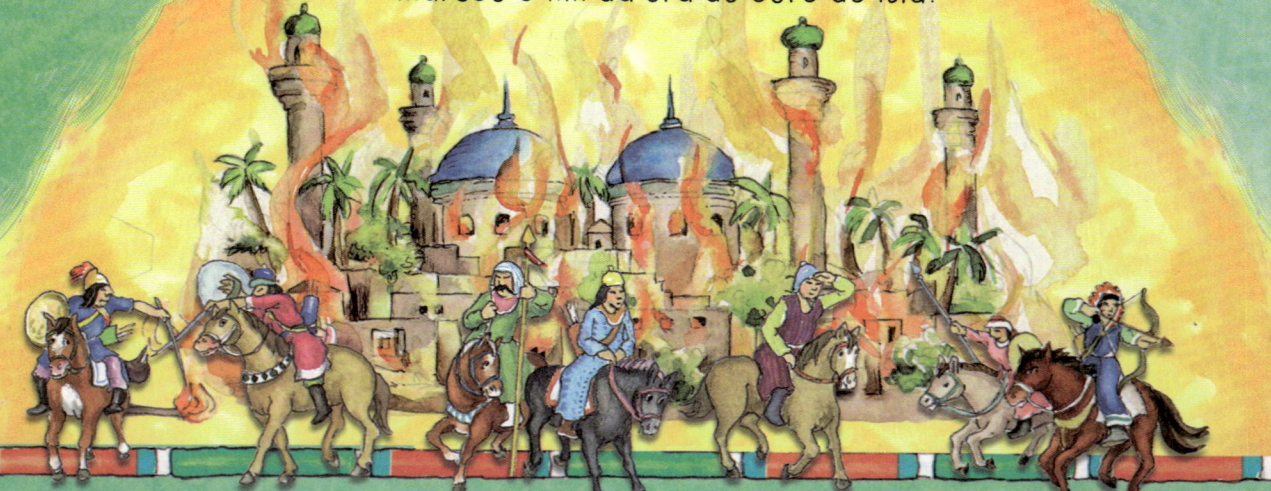

AL-ANDALUS

Os árabes **conquistaram a Península Ibérica** em 711 d.C. e permaneceram ali por quase oito séculos. Eles fazem parte da história da Europa!

CÓRDOVA
Era como a Bagdá da Europa! Um centro de conhecimento e a cidade mais populosa do continente.

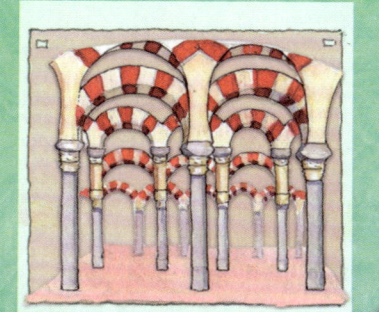

Grandes pensadores, como Averróis, **marcaram a filosofia** medieval europeia.

AVERRÓIS

OS CRISTÃOS
Durante a Reconquista, os cristãos foram recuperando o território peninsular até **chegar ao reino de Granada**, o último da região de Al-Andalus.

A ALAMBRA

O nome vem de al-Hamra ("a vermelha"). Situa-se na cidade de **Granada** e é um magnífico **exemplo da arte islâmica**.

Começou a ser construída no século XIII por **Muhammad ibn Nasr**, mas todos os reis que vieram depois acrescentaram algum detalhe nela.

Cúpulas

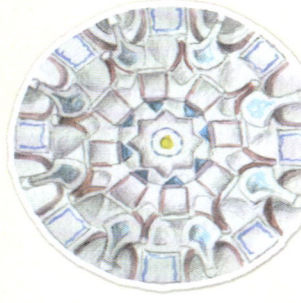

No centro de cada estrela está escrito: "Não há vencedor senão Deus".

Não faltavam detalhes nela: cada coluna e cada arco são **cuidadosamente decorados**.

Padrões geométricos islâmicos
O Islã aplicou a **matemática na arte**. É preciso ser muito inteligente para desenhar essas decorações!

MOSAICOS
Veja que azulejos bonitos!

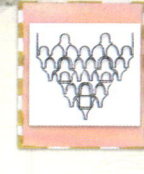

ARABESCOS MOÇÁRABES
Eles descem do teto como estalactites! Na Alambra, existem mais de 5.000 peças. Que trabalho incrível!

PÁTIO DOS LEÕES

CHINA IMPERIAL

Uma das civilizações mais antigas do mundo que existe até hoje! Era chamada de Zhongguo, que significa "**Império Central**". Há desertos e montanhas nevadas, templos, artes marciais, estátuas gigantes e até um exército de argila!

Dinastia Xia
A primeira de todas! Não sabemos muito sobre ela; aliás, sua existência foi até questionada.

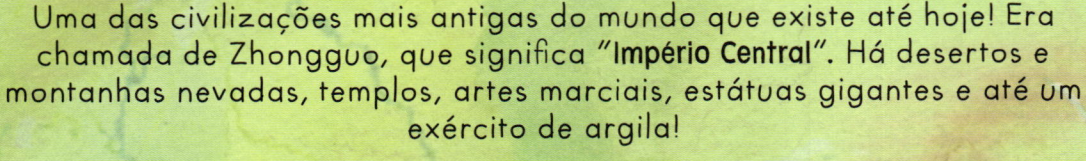

Eles passaram a maior parte do tempo enfrentando as enchentes do rio Amarelo!

O título de imperador era hereditário. Existiram várias dinastias, sendo algumas muito importantes.

Dinastia Qing
A última das dinastias. O **imperador Pu Yi** foi destituído do trono, em 1912. Ele tinha apenas cinco anos!

Dinastia Ming
A mais próspera! Marcou uma **época de auge cultural** e considerável estabilidade social.

Dinastia Qin
Se **pronuncia "chin"**, e talvez dela derive a palavra "China". Existem várias teorias!

Qin Shi Huang pertencia a essa dinastia, que marca o **início da era imperial**. Esse imperador, **responsável por unificar o império**, tinha fama de tirano e ficou obcecado em encontrar um elixir da vida eterna. No entanto, ele realizou muitos outros feitos, incluindo a **grande muralha**.

QIN SHI HUANG
Ele foi enterrado com um exército muito particular...

QUANDO E ONDE VIVERAM

ÁSIA ORIENTAL
221 a.C. – 1912 d.C.

Nas proximidades do rio Amarelo, nasce essa cultura que influenciou países vizinhos e distantes do Ocidente. **O maior grupo étnico é o Han**, mas há mais de 50!

Sua história tem fase de grande prosperidade, assim como de violência e caos. Por isso, denominaram-na, de maneira muito poética, de "período de primaveras e outonos".

Escrita
É uma das mais antigas e difíceis do mundo. Possui **caracteres** que **representam conceitos ou imagens**. São mais de 60.000! Felizmente, no século XX, criaram o chinês simplificado, embora não seja nada simples!

Dias atuais
É a **República Popular da China**, tendo como capital **Pequim**. É o segundo país mais populoso do planeta, depois da Índia. A cada cinco pessoas do mundo uma é chinesa!

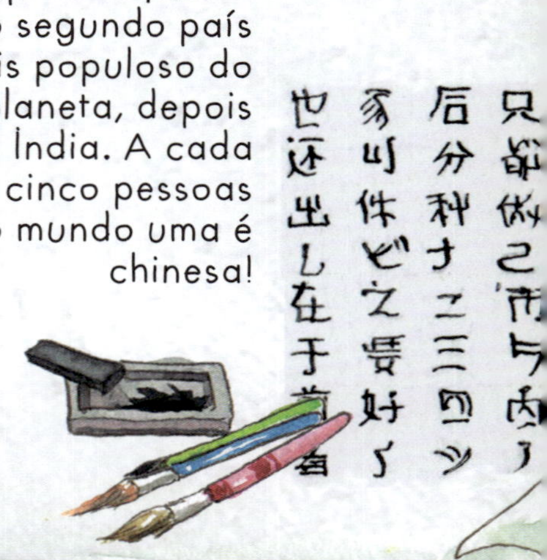

A GRANDE MURALHA

Qin Shi Huang iniciou uma **muralha** na fronteira norte para se **proteger** de tribos guerreiras, como os **Xiongnu**.

Ela foi ficando cada vez maior até medir mais de **20.000 quilômetros**! Se a esticássemos, certamente chegaria até a porta da sua casa.

EXÉRCITO DE TERRACOTA

Foi feita uma réplica exata de **8.000 soldados** em argila! Sequer existem dois com a mesma feição.

A CIDADE PROIBIDA

Aqui viveram os imperadores, durante 600 anos! Eles eram tratados como deuses!

É o maior complexo palaciano existente no mundo.

AS QUATRO ANTIGAS CAPITAIS DA CHINA

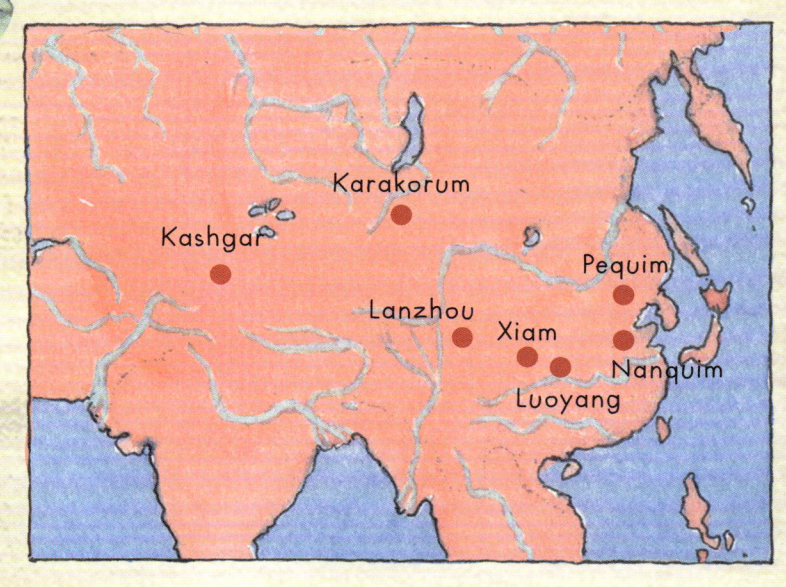

Pequim
A capital do norte! É a atual capital da China, e também foi a capital do Império Mongol.

Nanquim
A capital do sul! Foi o centro da dinastia Ming.

Changan
Atualmente chamada de Xiam. Aqui está o gigantesco mausoléu de Qin Shi Huang.

Luoyang
O primeiro templo budista da China foi construído aqui.

GRUTAS DE LONGMEN

Uma **rede de cavernas** e grutas com quase 100 mil estátuas budistas.

RÉN: pessoa. Uma pessoa pequena andando!

DÀ: grande. Uma pessoa pequena de braços abertos.

NÜ: o feminino. Uma mulher grávida!

Rio Amarelo
É amarelo mesmo! O rio arrasta muitos **sedimentos** (em especial iodo) que lhe dão essa cor.

GRANDE BUDA LESHAN
Está **esculpido em uma falésia** e pode ser avistado do rio com um barco!

Você já ouviu falar de Simbad, o Marinheiro?

É inspirado em **Zheng He**, um explorador muçulmano chinês que viajou pelos oceanos com uma frota de centenas de navios. Ele chegou a Moçambique e quase à Austrália.

A ROTA DA SEDA

Era uma rede de estradas comerciais que ligava a China à Europa e parte da África. É fascinante como a **troca cultural** pode transformar o mundo. A história não seria a mesma sem a Rota da Seda.

No século 27 a.C., os chineses **aprenderam a criar os bichos-da-seda e fazer tecidos luxuosos com sua seda.**

Olá! Eu sou o bicho-da-seda.

Veja como eu me transformo!

A SEDA

Que curioso!

Este bicho se alimenta de folhas de amoreira. Quando vai se transformar em borboleta, ele se envolve em um casulo de seda.

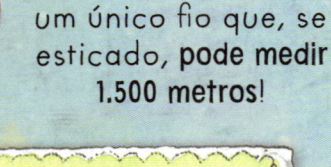

O **casulo** é feito de um único fio que, se esticado, **pode medir 1.500 metros!**

Durante 3.000 anos, ninguém além dos chineses conhecia essa arte.

Se alguém revelasse **os segredos da seda** para estrangeiros, seria condenado à morte!

COMÉRCIO ENTRE ORIENTE E OCIDENTE

Os romanos adoravam esse tecido! Eles começaram a importá-lo por uma **rota de 8.000 quilômetros** cheia de mistérios e perigos.

Através dessa rota eram transportados rubis, jades, pérolas ou porcelanas, assim como armas e doenças, como é o caso da Peste Negra!

XALE DE MANILA

Você já deve ter visto esse tipo de xale por aí, certo? Ele também é chinês. **Chegou à Península Ibérica através das Filipinas**, que eram uma colônia espanhola.

A ROTA DA SEDA — Roma, Constantinopla, Samarcanda, Alexandria, Damasco, Bagdá, Xiam

Eles viajavam em camelos...

...elefantes...

...e de barco!

AS VIAGENS DE MARCO POLO

Marco Polo foi um comerciante veneziano que viajou pela Rota da Seda na Idade Média.

Tornou-se amigo de Kublai Khan, imperador da Mongólia, e acabou morando por 20 anos na China, que era habitada pelos mongóis. Até o tornaram governador!

Ele voltou para Veneza com muitas histórias para contar, mas **acabou sendo preso.**

Na prisão, **escreveu um livro** sobre sua viagem, apresentando assim o Oriente ao mundo europeu.

GRANDES INVENÇÕES CHINESAS

A China tinha uma cultura **muito engenhosa**! Através da Rota da Seda, muitas de suas invenções chegaram ao **restante do mundo**. E elas vieram para ficar!

O papel

Eles inventaram o papel, feito de uma pasta de **fibras vegetais**. Sem essa invenção, este livro que você tem em mãos não existiria. Valeu, China!

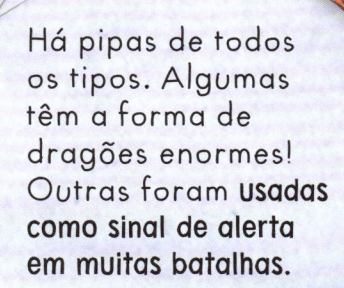

Antes, eles escreviam nos **cascos das tartarugas**, mas era muito incômodo... Além disso, pobres tartarugas!

A pipa (ou papagaio)

Veja que lindas pipas! Elas foram inventadas há mais de 2.000 anos, usando **varas de bambu e seda ou papel**.

Há pipas de todos os tipos. Algumas têm a forma de dragões enormes! Outras foram **usadas como sinal de alerta** em muitas batalhas.

A pólvora

Alguns alquimistas procuravam a poção da imortalidade, mas acabaram inventando algo que acabou com a vida de muitas pessoas. Porém, por causa dessa invenção, temos os **fogos de artifício**!

O ábaco

Com um fio e algumas bolinhas pretas, eles criaram uma **calculadora** surpreendentemente avançada, e usada até hoje.

Impressão tipográfica

Moldavam-se as letras em **peças de argila**, combinando-as para formar um texto. O problema era que, com tantos caracteres, eram necessários milhares de peças!

A bússola

Não era nada fácil orientar-se pelo mundo sem GPS. **As pessoas eram guiadas** pelas estrelas. Portanto, se estivesse nublado, isso era um problema! A bússola tornou as coisas mais fáceis.

O livro das maravilhas

O livro de Marco Polo inspirou outros exploradores, como Colombo, embora muitos digam que suas histórias não passavam de invenção. Será?

Descoberta do chá

Na China, é comum ferver água antes de bebê-la.

Há quatro mil anos, estava o **Imperador Shennong** no jardim, bebendo calmamente sua água fervida, quando algumas folhas de uma árvore caíram em sua xícara. Assim, sua bebida virou o chá!

Hoje, é uma das bebidas mais consumidas no mundo. Os budistas costumam usá-lo em suas **meditações** e, na China e no Japão, ainda existem **cerimônias elegantes** para tomá-lo.

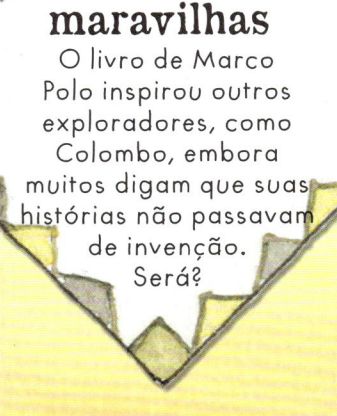

23

FILOSOFIA E...

Como muitas outras culturas, a civilização chinesa une filosofia, espiritualidade e superstição. Uma sabedoria milenar que segue viva na China atual e que pode ser usada na vida moderna!

O zodíaco chinês

O calendário chinês é **lunissolar** (combina o ciclo solar com os ciclos lunares) e segue os ciclos agrícolas. Cada ano possui **24 períodos solares ou climáticos**, e seus nomes são muito poéticos: Orvalho Branco, Frio Moderado ou Despertar dos Insetos.

O **dragão** é o único animal mitológico do horóscopo. Nos anos do dragão, sempre há grandes eventos. Até terremotos!

Seu signo é marcado pelo **ano de nascimento**, e cada ano corresponde a um animal.

Há doze animais. Por isso, eles só se repetem a cada doze anos.

FILOSOFIA CHINESA

É uma mistura de três tradições: Taoísmo, Confucionismo e Budismo.

Taoísmo

Lao-Tsé escreveu o livro Tao Te Ching, onde dizia que o **melhor é não fazer nada**, pois a vida se encarrega de colocar as coisas em seus devidos lugares. Mas não use o taoísmo como desculpa para não fazer o dever de casa!

O Yin E O Yang

Masculino e feminino, céu e terra, luz e escuridão. As duas faces que todos carregamos dentro de nós e temos de equilibrar!

Confucionismo

Confúcio defendia **a virtude e a ética** na sociedade. Ele dizia que se um governante era ruim, as pessoas tinham direito de trocá-lo; e que **você não deve fazer aos outros o que não quer que façam com você**. Muito sábio!

I Ching

É o **oráculo chinês**. Eles jogam algumas moedas com buracos quadrados no meio para ajudá-los a resolver os conflitos da vida.

ANALECTOS

É um livro que reúne as falas e reflexões de Confúcio. Analecto nada mais é do que uma coletânea.

Budismo

Uma religião sem deuses! Buda era da Índia e usava a meditação para libertar as pessoas de seu sofrimento. Era um líder calmo! **Na China, surgiu o budismo Chan (ou Zen).** Talvez você já tenha ouvido falar!

24

TRADIÇÃO

Veja como é imponente o dragão chinês! É como um quebra-cabeça: tem chifres de veado, cauda de cobra, garras de águia, nariz de cachorro e outras partes de animais...

E, além disso, ele voa!

Os chineses se consideravam **herdeiros do dragão**, que é uma figura muito importante em sua cultura.

FESTIVAL DA PRIMAVERA
É como o Ano-Novo.

Eles dançam **a dança do dragão** e comem **guioza**, um bolinho bem delicioso.

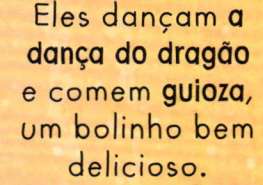

Tudo é decorado com cartazes e lanternas vermelhas em sinal de boa sorte.

ARTES MARCIAIS
O TEMPLO DE SHAOLIN

Chegado ao templo, o mestre budista Bodhidharma notou que os monges estavam um pouco fracos por ficarem sentados o dia todo. Então, ele desenvolveu a arte marcial mais famosa do mundo: o kung fu. Essa arte faz bem à saúde e ao espírito. Mas é melhor você não mexer com esses monges! Eles quebram tijolos com a cabeça e meditam pendurados!

Os monges Shaolin ainda existem e fazem shows em todo o mundo.

TAI CHI (TAI CHI CHUAN)
É semelhante ao kung fu, mas com movimentos bem mais lentos.

MEDICINA CHINESA TRADICIONAL

Você se lembra de **Shennong**, o imperador que descobriu o chá? Bem, ele experimentou muitas ervas e **catalogou seus efeitos**. A medicina chinesa usa essas plantas há milhares de anos para curar e para garantir que o *qi* (energia vital) esteja limpo.

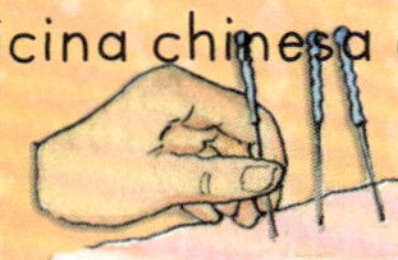

Agulhas

Moxas

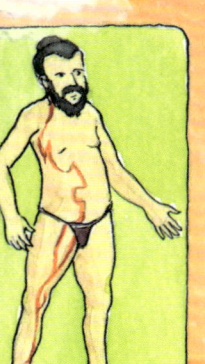

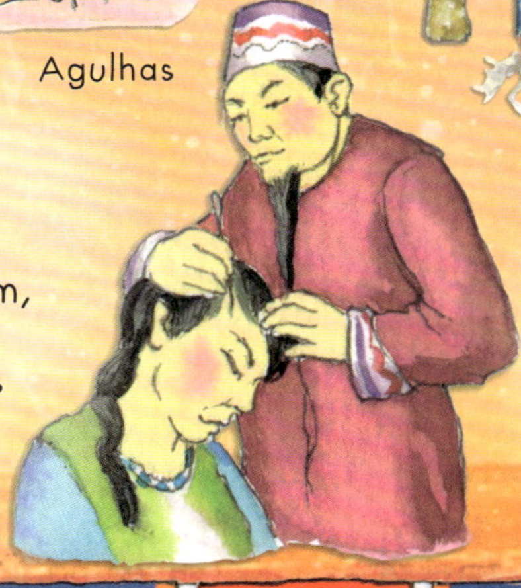

ACUPUNTURA
Consiste em introduzir pequenas agulhas nos pontos do corpo por onde o *qi* se move, a fim de equilibrá-los. Também existem tratamentos como colocar ventosas gigantes no corpo ou **charutos grandes chamados "moxas"**.

O Qi
É a energia vital. Se ela não fluir bem, você fica doente. Mas se você a controlar, terá poder!

Jornada para o Ocidente
É um dos grandes romances chineses.

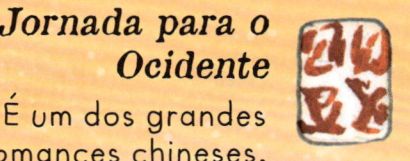

Monge Xuanzang
Esse monge viaja para a Índia em busca de textos budistas. Ele está acompanhado por um rei macaco que **luta com um pedaço de pau e voa em uma nuvem**.

Isso soa familiar para você? O rei macaco se chama **Sun Wukong**, e ele serviu de inspiração para o personagem de *Dragon Ball*.

IMPÉRIO MONGOL

Dizem que as civilizações nascem a partir da agricultura. Será que isso vale para todas? A resposta é não! Conheça o **país do cavalo**, uma cultura nômade que se tornou o segundo maior império que já existiu. Seus **habitantes eram pastores** e percorriam o país com seus rebanhos, para garantir alimento para o gado e para fugir dos invernos rigorosos (de -40°C).

É como viver em um freezer!

GENGIS KHAN

Ele passou de um menino quase sem-teto para um dos maiores generais de todos os tempos. E um dos mais sanguinários: suas tropas mataram 40 milhões de pessoas!

BURKHAN KHALDUN
A montanha sagrada onde Gengis Khan nasceu.

GENGIS KHAN
Significa "governante universal". Exatamente o que ele queria ser.

Em 2008, foi homenageado com a estátua equestre mais alta do mundo.

OVOO
É um **monte de pedras** que faz parte de um rito xamânico usado para homenagear o céu e as montanhas.

Ao passar na frente de um ovoo, é costume que o passante toque uma buzina.

Essa é a **tenda de guerra de Gengis Khan**. Foi assim que ele viajou por todo o império durante as campanhas militares.

Parece que o grande imperador dos cavalos morreu ao cair de um deles. Que azar!

SARAI BATU
Cidade fundada por Batu Khan, neto de Gengis Khan, e que foi reconstruída.

QUANDO E ONDE VIVERAM

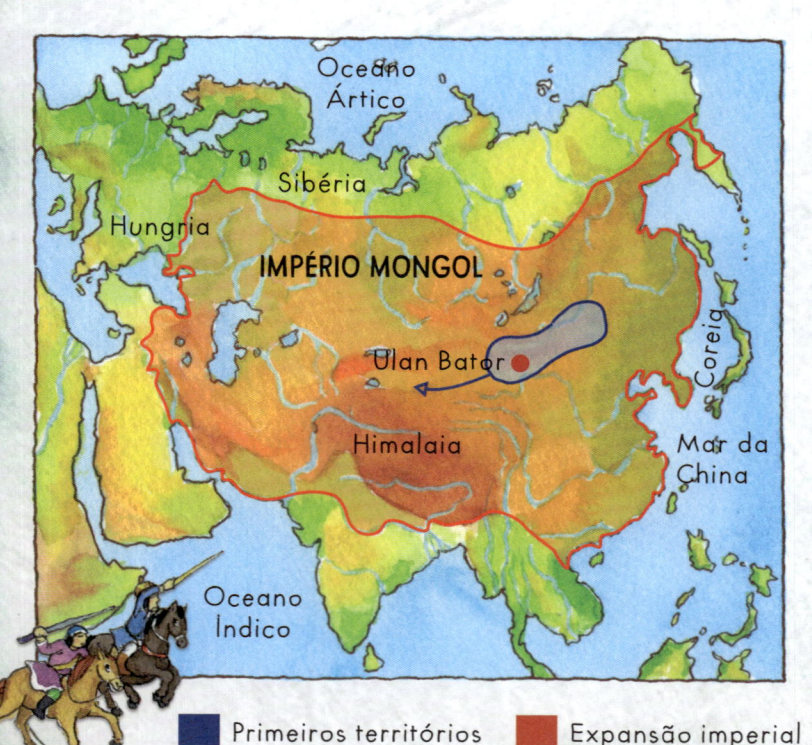

ÁSIA CENTRAL
1206 d.C. – 1368 d.C.

A Mongólia representa uma **enorme região** na Ásia Central. Durante séculos, viveram ali **diferentes tribos e clãs guerreiros**, até que Gengis Khan os unificou e conquistou o mundo na velocidade da luz. Em apenas cinquenta anos, os mongóis dominaram a região da Hungria até a Coreia.

Dias atuais
Seu centro se situava na atual **Mongólia**, cuja capital é Ulan Bator. Ainda há nômades e cavaleiros por lá! Já a região sul da Mongólia pertence à China.

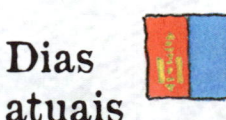

Escrita
Veja que linda sua escrita! E ela é feita na vertical. No século XX, foi substituída pelo alfabeto cirílico. Antes, era usado o alfabeto phags-pa, criado por um monge tibetano.

Mapa: Oceano Ártico, Sibéria, Hungria, IMPÉRIO MONGOL, Ulan Bator, Himalaia, Coreia, Mar da China, Oceano Índico.

■ Primeiros territórios ■ Expansão imperial

A VIDA A CAVALO

Os cavalos mongóis são **muito resistentes** e comem pouco. Ou seja, ideais para conquistar o mundo!

Os mongóis eram **grandes cavaleiros**!

Eles também comiam carne de cavalo.

Preparavam **bebidas alcoólicas com leite de égua**. Esses cavalos serviam para tudo!

ESTANDARTES
Feitos com crina de cavalo: branca para indicar a **paz** e preta para indicar a **guerra**.

Lago Baikal

XANADÚ
Cidade famosa pelo **palácio de verão** de Kublai Khan, neto de Gengis e amigo de Marco Polo.

Árvore de prata

ZHONGXING
Gengis Khan tentou inundar essa cidade chinesa, em 1209, mas acabou inundando seu próprio acampamento!

KARAKORUM

CIDADES PRINCIPAIS

Sarái Batú · Samarcanda · Avarga · Karakorum · Xanadú · Khanbaliq · Zhong Xing

Avarga
Foi a **primeira capital**, mas, como ela ficou pequena, tiveram de mudá-la.

Khanbaliq
Última capital do império. Hoje é Pequim, a capital chinesa.

Karakorum
Outra capital! Havia uma famosa escultura de uma **árvore de prata**. Foi feita por um francês a quem tinham sequestrado!

A IURTA
A iurta ou iurte é a **casa tradicional mongol**. É portátil! Pode ser desmontada e movida para outro lugar quando quiser.

Muito aconchegante, ela ainda é usada atualmente.

Abertura para entrada de luz e saída de fumaça.

Treliça de madeira dobrável.

Várias camadas de lã para regular a temperatura.

Fogão

Eles amarravam a cerca com crina de cavalo!

A porta fica voltada para o sul e tem lindas cores.

A tumba secreta de Gengis Khan

Ele foi **enterrado em segredo**! Seu cortejo fúnebre matou todos que estavam envolvidos. Mil cavalos pisaram em sua sepultura para que não restasse nenhum vestígio. Dizem que os soldados que o enterraram também foram mortos! Sem pistas ou testemunhas. **Ninguém sabe onde está a tumba**.

KURULTAI
Assembleia de anciãos, chefes dos clãs. Em uma delas, Gengis Khan foi eleito líder universal.

Eles usavam renas para transporte.

Criavam ovelhas, cabras, iaques e cavalos!

27

GRÉCIA ANTIGA

A Grécia está localizada na Península Balcânica, uma região montanhosa e com muitas ilhas banhadas pelo Mediterrâneo. Está bem próxima da África e da Ásia, e reuniu todos os ingredientes para dar origem à civilização ocidental.

SAFO DE MITILENE
Essa **poeta** foi a sensação durante séculos!

PITÁGORAS
Um gênio da matemática, ele é famoso por seu **teorema**. Tenho certeza de que você estuda sobre isso na escola!

CERÂMICA
Um de seus passatempos favoritos. Havia cerâmicas de vários estilos!

OS JOGOS OLÍMPICOS
Aconteciam a **cada quatro anos** com atletas de toda a Grécia.

Tocha olímpica

Corridas de quadrigas, boxe, lançamento de disco... Havia todo tipo de provas **no maior evento esportivo do mundo!**

Eles **competiam nus** e cobertos de óleo. Não ficavam nem um pouco envergonhados!

Este é **Fidípides**. Ele inventou a **maratona**!

O vencedor recebia apenas uma coroa de ramos de oliveira. Que mesquinhos!

QUANDO E ONDE VIVERAM

PENÍNSULA BALCÂNICA
1200 a.C. – 30 a.C.

Nessa região, foram se estabelecendo **várias tribos** que falavam línguas parecidas. Eram os **dórios**, os **jônios**, os **aqueus** e os **eólios**.

Por serem aldeias ou ilhas isoladas, **surgiram as pólis**, pequenas cidades **independentes** e com muitas diferenças entre si. Na época, o país não se chamava Grécia, mas **Hélade**.

Dias atuais
É a **República Helênica**, ou **Grécia**, e sua capital é **Atenas**. Abrangeu também outros países, como a Macedônia do Norte, Chipre e parte da Turquia.

Escrita
Falavam grego antigo, embora, para eles, já fosse muito moderno!

Depois, surgiu o **coiné**, idioma grego em que o **Novo Testamento** foi escrito.

Α Β Γ Δ Ε Ζ
Η Θ Ι Κ Λ Μ
Ν Ξ Ο Π Ρ Σ
Τ Υ Φ Χ Ψ Ω

Macedônia
Trácia
Monte Athos
Monte Parnaso
Mar Egeu
Ática
Peloponeso
Rodes
Cíclades
Mar Jônico
Creta

- Arcádia
- Eólia
- Dórios
- Jônicos
- Grécia Ocidental

ALEXANDRE, O GRANDE

Rei da Macedônia e um grande conquistador. Também foi **faraó do Egito e rei da Pérsia**. Ele queria tudo! Marca o fim da Grécia clássica.

Monte Athos

ACRÓPOLE DE ATENAS

Teatro de Dionísio
Localizado em Atenas. O maior da Grécia!

Templo de Apolo

PARTENON
Sem dúvidas, o edifício mais emblemático. É um templo **dedicado à deusa Atena**.

ORÁCULO DE DELFOS
Ficava no templo de Apolo. As pessoas iam até lá para pedir conselhos sobre o futuro.

A Esfinge de Tebas
Desafiou Édipo com um enigma. Ele resolveu e foi nomeado rei!

PALÁCIO DE CNOSSOS
Pertenceu à civilização minoica (ou cretense). Tinha tantos corredores e salas que acreditavam ser o **labirinto do Minotauro**!

CIDADES PRINCIPAIS

Épiro · Troia · Lesbos · Tebas · Éfeso · Ítaca · Olímpia · Atenas · Esparta · Rodes · Rodas · Cnossos · Creta

Atenas
A sua cultura, a sua civilização e o seu pensamento se difundiram, tornando-se universais.

Tebas
Aqui se passa a história de *Édipo Rei*, a mais importante tragédia grega.

Esparta
A grande **inimiga de Atenas**! Muito famosa por seu poder militar.

GUERRAS MÉDICAS
Não se engane! Não foram batalhas entre médicos! Mas **guerras contra a Pérsia**.

CAVALO DE TROIA
Os gregos não conseguiram conquistar a cidade de Troia. Eles fingiram recuar e deixaram um cavalo gigante de madeira como presente. Mas foi uma armadilha. Dentro, estavam os soldados gregos!

Generais da Guerra de Troia

AQUILES · HEITOR

29

DEUSES E HERÓIS

A Grécia tinha uma cultura muito religiosa. Havia diversos deuses que intervinham em assuntos dos humanos. Eles não ficavam à toa!

DEUSES DO OLIMPO

Monte Olimpo
Era como uma sala VIP para os deuses mais poderosos da Grécia. Estes foram alguns deles!

ZEUS
Ele era o chefão e basicamente fazia o que queria. Teve muitos filhos com deusas e mulheres humanas.

POSEIDON
Deus do mar e dos terremotos. Tinha um palácio no fundo do oceano!

DIONISO
Ele era o deus do teatro e do vinho. Organizava as melhores festas!

ÁRTEMIS
Deusa da caça. Se você disser que caça melhor do que ela, a deusa pode não gostar.

AFRODITE
Deusa da beleza e do amor.

Sereia

HERÓIS E SEMIDEUSES

Muito antes do Batman e dos Vingadores, já existiam heróis que viveram grandes aventuras.

PERSEU
Ele matou a Medusa! Tinha um cavalo com asas: Pégaso.

PROMETEU
Ele roubou o fogo dos deuses e deu aos humanos! Zeus ficou tão furioso que o condenou a ser devorado por uma águia para sempre (pois ele era imortal).

PANDORA
Ela abriu uma caixa da qual saíram todos os males do mundo. Mas não fez isso com más intenções!

30

O MITO DO LABIRINTO

Nesse labirinto vivia o Minotauro, um ser com corpo humano e cabeça de touro. Ele **foi derrotado por Teseu**.

HERA

Esposa de Zeus. Ela era muito ciumenta e não lhe faltavam motivos.

Hipocampo

APOLO

Deus das Artes. Fazia duelos musicais com sua lira!

HADES

Ele era o deus do **submundo**, local que levava o mesmo nome, ou seja, Hades!

O Cérbero, um cachorro de três cabeças, protegia a entrada.

Pégaso

Se chegava ao submundo pelo **barco de Caronte**.

ORFEU

Ele viajou para o Hades **para trazer sua esposa Eurídice de volta**. (*Spoiler*: ele não conseguiu).

HÉRACLES

O mais forte de todos! Você provavelmente o conhece como **Hércules**.

QUEM CONTOU ESSAS HISTÓRIAS?

HOMERO

Ele foi autor da *Ilíada* e *Odisseia*. Suas histórias eram tão boas que os gregos pensavam que eram reais.

Seu personagem mais famoso é **Ulisses**. Ele levou dez anos para chegar em casa porque viveu mil aventuras ao longo do caminho.

Teatro

Como não existia cinema, tiveram que inventar o teatro. Graças às suas obras, conhecemos muitos desses mitos. **Os gregos inventaram a comédia e a tragédia!**

Eles fizeram degraus de pedra na encosta de uma colina! Nas apresentações, havia um coro vestido de preto.

Ésquilo

Ele é considerado o primeiro grande representante da tragédia grega.

ATENAS VERSUS ESPARTA

Foram as **duas cidades mais importantes**. Eram bem diferentes e não se davam nada bem. Tanto que se enfrentaram na Guerra do Peloponeso, que encerrou a era de ouro da Grécia.

ATENAS

Uma das cidades mais importantes da história ocidental!

PÉRICLES
O líder ateniense mais importante. **Promoveu as artes e a cultura**, ordenou a construção do Partenon, venceu batalhas...

...e levou a cidade ao seu auge. Ele morreu da peste de Atenas, uma epidemia que causou milhares de mortes na região.

ACRÓPOLE DE ATENAS
Muitas cidades gregas tinham uma acrópole, um **local de culto** localizado no topo de uma montanha.

- Templo de Atena Niké
- Partenon
- Mercado

A de Atenas é a mais famosa!

ÁGORAS
Eram praças principais das antigas cidades gregas.

Celebram-se reuniões e assembleias...
... assim como em nossas praças.

ATENA
Deusa da guerra e da sabedoria. **Padroeira de Atenas**, por isso seu nome!

Democracia
Todos os homens atenienses **podiam votar**, fossem ricos ou pobres. Porém, mulheres, estrangeiros e escravos **não** podiam participar.

Sociedade democrática
República aristocrática
Governado por nobres e magistrados supremos.

CLASSES
Cidadãos, metecos (estrangeiros) e escravos

Filosofia
Eles realmente gostavam de pensar! Tentaram compreender a realidade em todos os seus aspectos. Também **refletiram** sobre a ética e como a vida deveria ser vivida.

ARISTÓTELES  — PLATÃO

ARISTÓTELES
Influenciou o pensamento de toda a Europa. **Foi aluno de Platão** que, por sua vez, foi aluno de Sócrates. São os três filósofos mais importantes da Grécia!

SÓCRATES

Escola ateniense
Sofisticada e focada no cultivo do **corpo** e da **mente**!

Somente os meninos iam à escola. As meninas tinham de ficar em casa.

ESPARTA

Uma cidade de guerreiros temíveis!

Pólis
Assim eram chamadas as cidades-Estado. Havia muitas, e cada uma fazia o que queria.

A **cultura** espartana girava em torno da **vida militar**.

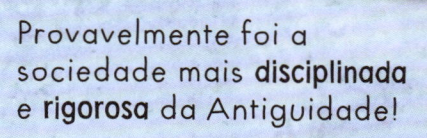

Provavelmente foi a sociedade mais **disciplinada** e **rigorosa** da Antiguidade!

A BATALHA DA TERMÓPILAS
Trezentos espartanos lideraram uma das batalhas mais famosas de todos os tempos!

Na **passagem das Termópilas**, eles resistiram durante dias contra os milhares de soldados do rei persa Xerxes I.

Veja como eles se posicionavam!

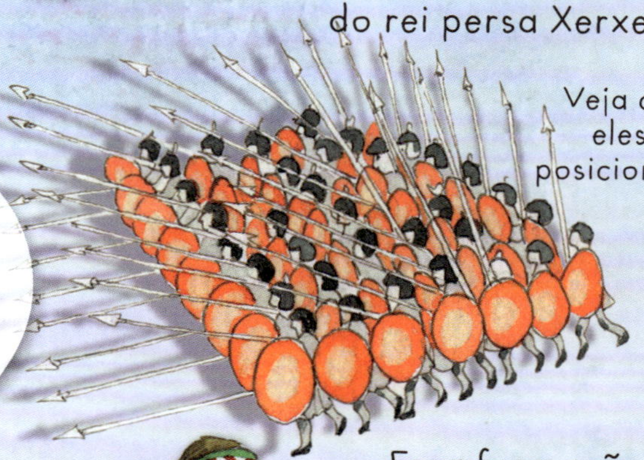

Os "iguais", espartanos com direitos, atormentavam a vida dos hilotas, que eram escravos da Grécia.

Essa formação era chamada de **falange**.

LEÔNIDAS
Ele foi o rei que liderou a resistência nas Termópilas. Morreu em batalha, tornando-se assim uma lenda!

HOPLITAS
Eles eram os **soldados** das pólis. Os de Esparta eram mais **profissionais**.

- Elmo
- Escudo
- Couraça
- Espada
- Lança
- Grevas

Sociedade autoritária

Oligarquia
Dois reis, que representavam a minoria.

SOCIAIS
Espartanos, periecos (classe intermediária) e hilotas.

AGOGÉ
Era a escola **espartana**, e era **brutal**! Ainda pequeno, você tinha de ser o mais forte.

Educava-se para ser soldado. E até forçavam você a roubar para comer!

As mulheres
Tinham mais direitos do que em Atenas...

... embora os rituais de casamento começassem com um sequestro! Os espartanos eram bem estranhos.

TIRTEU
Nem tudo era guerra! Tirteu foi **o poeta espartano** mais famoso. Um herói literário!

33

ROMA ANTIGA

Em um território com formato de bota, na Península Itálica, **sobre sete montanhas próximas ao rio Tibre**, foi fundada Roma, uma pequena cidade que se tornou um império colossal. Descubra a civilização que mais marcou a vida ocidental!

RÔMULO E REMO

Os fundadores de **Roma** eram descendentes do herói troiano **Eneias** e filhos do deus **Marte**.

Eles foram **abandonados e amamentados por uma loba!**

Rapto das Sabinas

A nova cidade passou a ser povoada apenas por homens. Então, eles foram até as cidades vizinhas para **sequestrar mulheres** e se casar com elas. A **primeira guerra de Roma** se deu por essa razão!

CRISTIANISMO

Jesus Cristo nasceu em Belém, na Palestina, que estava sob o controle de Roma.

Os romanos perseguiram os cristãos e os **jogaram aos leões!**

No final do Império Romano, o Cristianismo se tornou a religião oficial. Isso mudou a história!

JÚLIO CÉSAR

Foi um **soldado** e **ditador** de Roma. Ele era implacável, mas muito inteligente.

Foi casado com **Cleópatra**, a última rainha do Egito.

Ele viveu alguns anos na Península Ibérica, região que os romanos chamavam de **Hispânia Ulterior**.

IMPÉRIO ROMANO

PENÍNSULA ITÁLICA
753 a.C. – 476 d.C.

No início, havia vários povos. O mais importante era etrusco, mas Roma tomou o seu lugar! **Ocuparam grande parte da Europa, do Norte da África e do Oriente Médio.** Passaram séculos na Hispânia e deram nomes a muitas cidades! Eles tiveram muita influência grega.

Dias atuais

Roma ainda existe! É a **capital da Itália**. Mas mudou muito, e não há gladiadores, tampouco seus habitantes se vestem com túnicas.

Escrita

Eles falavam latim e inventaram o **alfabeto latino**, que é o alfabeto que usamos hoje. Mas os números eram muito diferentes e bem longos.

Mapa: Germânia, EUROPA, Gália, Hispânia, Dalmácia, Roma, Macedônia, Ásia Menor, ÁSIA, Mauritânia, ÁFRICA, Mare Nostrum (Era como chamavam o Mediterrâneo)

I II III IV V
VI VII VIII IX
X L C D M

Monte Palatino
Rômulo decidiu **fundar sua cidade** nesse lugar.

Ele traçou uma linha e disse ao irmão: "Se você cruzá-la, eu mato você". Adivinha: Remo atravessou, e Rômulo o matou.

GÁLIA
ROMA

RUBICÃO
Quando **cruzou esse rio**, Júlio César causou uma guerra civil. Era melhor ter ficado em casa!

COLISEU

VERCINGETÓRIX
O rival mais corajoso de Júlio César na guerra da Gália! Inspirou algumas histórias de Asterix e Obelix.

Roma
Aqui estavam o Coliseu, o fórum e muitos edifícios emblemáticos.

Panteão

Arco de Tito

CIDADES PRINCIPAIS
O Império Romano acabou dividido em dois! O do **Ocidente** desapareceu no início da Idade Média. Já o do **Oriente** se tornou o **Império Bizantino**.

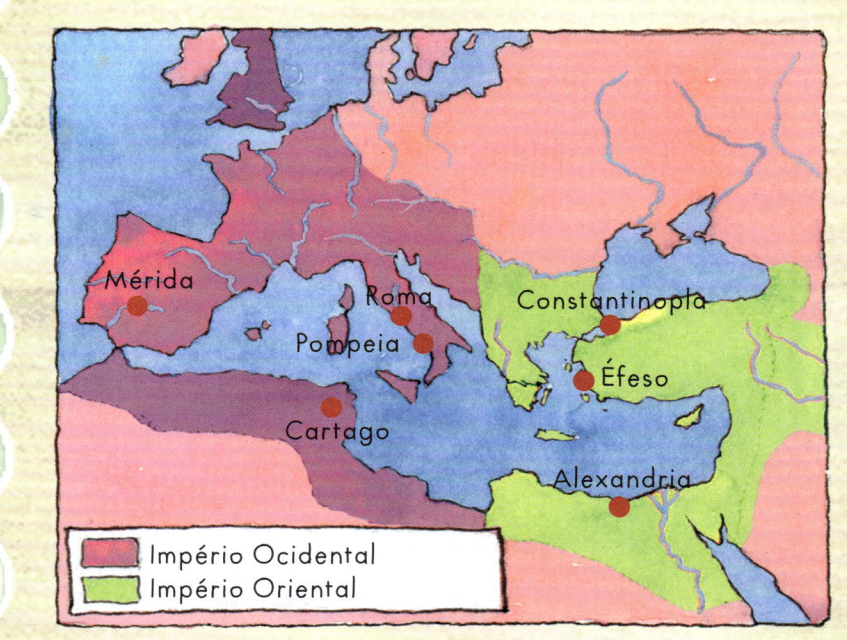

Mérida · Roma · Constantinopla · Pompeia · Éfeso · Cartago · Alexandria

- Império Ocidental
- Império Oriental

Roma
Tão importante que a **civilização** leva o seu nome! Tudo começou aqui.

Cartago
Roma conquistou essa cidade e a transformou em sua capital, que ficava na região da África.

Constantinopla
Foi a capital do Império Bizantino, **na Turquia**. Superou Roma em tamanho.

Entrem a bordo!

Nas **Guerras Púnicas** contra **Cartago**, os romanos aprenderam a atacar navios inimigos.

CARTAGO

CASTRO
As **legiões romanas** viajavam de um lugar para outro conquistando o mundo. Assim era o acampamento deles! **Castro** era o nome dado para uma região fortificada pelos romanos.

Aníbal e os elefantes

Ótimas tendas para acampar!

Estradas e pontes
Todos os caminhos levam a Roma! Eram os **reis da estrada** e foram os primeiros a pavimentá-las.

Brasão romano
A águia era o **emblema militar** romano. SPQR significa "O Senado e o Povo de Roma".

SPQR
Senatus Populus Que Romanus

CONSTRUINDO

Todas as civilizações foram muito engenhosas, mas os romanos se **destacaram na arte da construção**!

Eles aperfeiçoaram a **arquitetura**, começaram a usar **concreto** e nos deixaram muitos prédios e pontes fascinantes que seguem de pé dois mil anos depois.

COLISEU

Para quem gosta de esportes, aqui está o **estádio mais famoso** e impressionante da história!

Mas não era exatamente futebol que se jogava ali.

Na verdade, era chamado de Anfiteatro Flávio (ou Flaviano).

Tinha um enorme toldo móvel: o velarium (que significa cortina).

Na **tribuna imperial** (ou **pulvinar**) e no **pódio**, sentavam-se os poderosos, como magistrados e senadores.

O lugar comportava mais de 50.000 pessoas!

Pessoas de todas as classes vinham se deliciar com a comida e ver os shows. **Era pão e circo!**

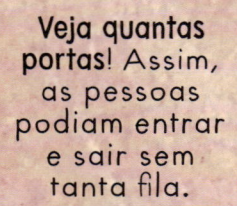

Acredita-se que eles **inundavam a arena** para fazer **batalhas navais** e comemorar as vitórias. Isso sim parece divertido!

Veja quantas portas! Assim, as pessoas podiam entrar e sair sem tanta fila.

Em suas construções, utilizavam muito o **arco de meio ponto**, ou arco romano.

Hipogeu
Construções subterrâneas, com passagens debaixo da areia.

HISPÂNIA ROMANA

A **Espanha** fez **parte do Império Romano** durante sete séculos.

Chamava-se Hispânia, palavra que significa "terra dos coelhos".

A Península Ibérica está cheia de vestígios romanos! Teatros, estradas, pontes, fontes termais… Gostaria de conhecê-los?

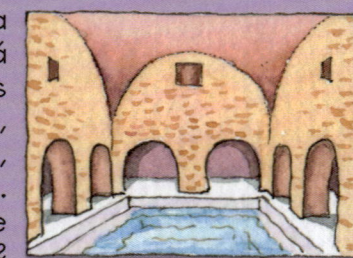

Lugo
Tarragona
Mérida
Cartagena
Sevilha

Termas em Caldes de Montbui

Ponte de Mérida

Hispânicos famosos
Destacam-se o filósofo **Sêneca** e imperadores como **Adriano** e **Trajano**.

UM IMPÉRIO

Na **arena**, aconteciam os espetáculos.

Vencer ou morrer!
Era disso que se tratavam as **lutas de gladiadores**.

ESPÁRTACO
Ele se cansou de ser gladiador e liderou uma revolta de escravos.

Os romanos daquela época adoravam sangue. Seus **jogos eram realmente brutais**. Ufa! Ainda bem que não existem mais!

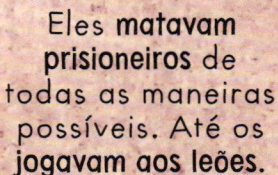

Eles **matavam prisioneiros** de todas as maneiras possíveis. Até os jogavam aos leões.

Também **caçavam animais**. Quanto mais exóticos, melhor!

O PANTEÃO DE AGRIPA

Era um templo **dedicado a todos os deuses** de Roma.

Veja que cúpula...!

... Tinha uma circunferência perfeita!

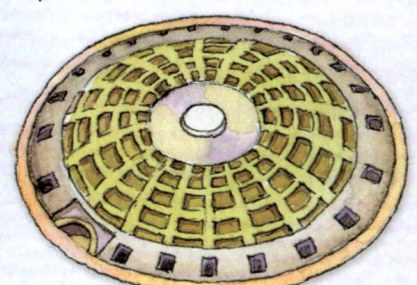

Essa entrada com colunas, que parece um pórtico, são os **pronaos**.

Esses buracos no teto são chamados de **caixotões** e servem para diminuir o peso da estrutura.

DEUSES ROMANOS

Eram os mesmos que os da Grécia, mas com nomes diferentes.

Foram seus nomes que, mais tarde, nomearam os planetas!

Hermes é **Mercúrio**.

Afrodite é **Vênus**.

Zeus é **Júpiter**.

Hades é **Plutão**.

O AQUEDUTO DE SEGÓVIA

Eles usavam guindastes.

Passa pelo centro da cidade.

Nem tudo é mitologia e circo. Os romanos também foram **grandes engenheiros**.

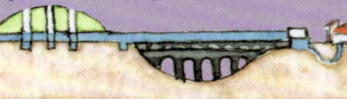

Esse importante aqueduto **trazia água** das montanhas para a cidade. Mede mais de 17 quilômetros, mas a maior parte é **subterrânea**.

Está de pé há quase dois mil anos e sem uso de cimento!

Construíram importantes obras públicas: aquedutos, redes de esgoto, fontes, etc.

Quantos arcos!

Tinha uma estátua de Hércules, a quem se atribuía a fundação de **Segóvia**.

UMA GRANDE CATÁSTROFE

A ERUPÇÃO DO VESÚVIO

Dois mil anos é muito tempo, mas é incrível quantas coisas da **antiga Roma** perduraram até hoje. Fast-food, grafite, calefação, bombeiros... Descubra!

Pompeia e **Herculano** eram duas cidades romanas comuns.

Um dia, o **vulcão Vesúvio explodiu**, soterrando as cidades com todos os seus habitantes!

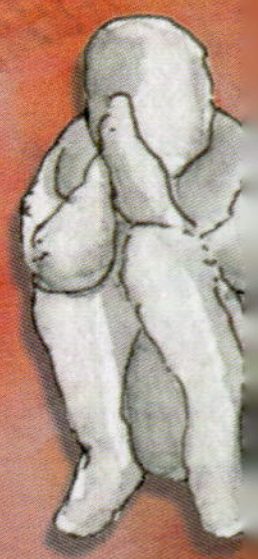

ELEIÇÕES

Os **candidatos** percorriam as cidades defendendo suas ideias. Todos queriam vencer!

As pessoas criticavam os políticos escrevendo nas paredes. Eles adoravam! Mas não havia apenas **pichações políticas**. Havia declarações de **amor** e até **piadas**.

Pessoas petrificadas

Sob a **chuva de cinzas**, e com o passar dos séculos, os habitantes de Pompeia soterrados deixaram o molde de seus corpos nas rochas.

Mais de **2.000 corpos** foram encontrados petrificados!

Fast-food da Antiguidade

Sim, havia pontos de fast-food! Eram chamados de **termopólios**.

Mas eles não comiam hambúrgueres e, em vez de ketchup, adoravam garo, um molho de peixe que cheirava muito mal. Eca!

Comer deitado

Eles tinham sofás chamados klinai para poder comer deitados. Nada mal esse costume, não?

Aliás, soltar pum durante as refeições não era considerado desrespeitoso!

POMPEIA E HERCULANO

Estavam tão **soterradas** que demorou mais de 1.700 anos para serem encontradas. E o objetivo dos primeiros escavadores era encontrar tesouros!

Mas, com o tempo, **começou-se a estudar** como era viver nessas cidades. Graças a essas ruínas, descobrimos muito sobre o dia a dia desses povos!

Reconstrução

Pinturas, mosaicos e vasos foram recuperados, além de muitas informações interessantes.

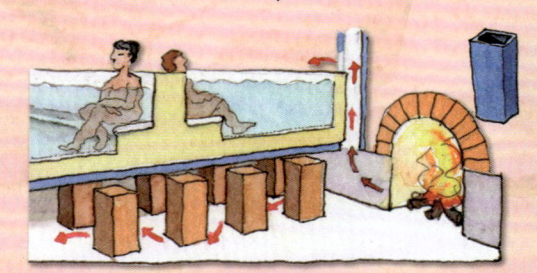

Insulae (ou ínsulas)

Veja! Já havia habitações com vários andares, destinadas a pessoas de classe baixa. Era equivalente à nossa favela atual.

Fontes

Você se lembra do aqueduto? Graças a ele, havia fontes por toda parte da cidade.

CIDADÃOS

Patrícios
Senadores administradores
Soldados

NÃO CIDADÃOS

Libertinos
Mulheres
Estrangeiros
Escravos

ORGANIZAÇÃO SOCIAL

Os patrícios se referiam à elite, ou membros da classe nobre. O restante era plebeu. E quase todo o trabalho era feito pelos escravos.

Pater familias

Ele era o chefe (ou pai) da família e era um homem. Decidia tudo. Podia até **vender os próprios filhos**!

CALEFAÇÃO

Era apenas para ricos ou edifícios públicos, como as termas, onde os romanos iam tomar banho e passar o tempo. Seu sistema de aquecimento se chamava **hipocausto**. Eles tinham **fornos no porão**, fazendo o calor subir pelo chão e pelas paredes! Quanta esperteza!

BOMBEIROS

Aconteciam muitos incêndios.

Felizmente, o imperador Augusto criou as vigílias, um **corpo de bombeiros** que garantia a segurança das pessoas. Pelo menos nesse quesito.

Vamos jogar?

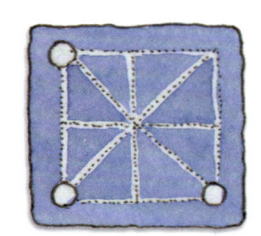

Veja! Piões e bolinhas de gude! Eles brincavam de esconde-esconde, jogo da velha, dados e jogo dos ossos (equivalente ao jogo cinco-marias)...

Esses jogos ainda existem!

39

MESOAMÉRICA

Há uma **América gigante ao norte** e uma **América gigante ao sul**, e, no meio, uma região que foi um **caldeirão de civilizações**: a Mesoamérica. Descubra outros povos diferentes, mas que também eram **fascinados por construir pirâmides e jogar bola!**

O MILHO

Eles comiam muitos alimentos deliciosos, mas o milho era o melhor de todos! **Adoravam essa planta.** Veja quantas cores as espigas podem ter!

Segundo os **maias**, os deuses criaram as **primeiras pessoas** a partir do milho.

O jogo de bola

A bola simboliza os astros, e o jogo tinha um significado religioso.

Se você acha que o futebol é importante agora, ficará surpreso com o jogo de bola mesoamericano.

Era jogado usando quadris, joelhos, antebraços, etc. (nada de pés ou mãos). Em partidas importantes, os membros do time perdedor eram sacrificados.

PITAO COZOBI

Para que suas colheitas fossem abençoadas, os sacerdotes ofereciam sangue de suas orelhas a esse deus zapoteca.

CENTEOTL

Era o deus asteca do milho. Era homem e mulher ao mesmo tempo!

Sacrifícios humanos

Eles matavam pessoas para honrar os deuses. Podiam cortar sua cabeça, arrancar seu coração ou, se você vivesse em **Yucatán**, jogá-lo em um **cenote**, um poço natural bem profundo.

QUANDO E ONDE VIVERAM

México · Golfo do México · Mar do Caribe · Península de Yucatán · Oceano Pacífico · Guatemala · Honduras · El Salvador

- Maias
- Olmecas
- Zapotecas
- Astecas ou mexicas

MESOAMÉRICA
2500 a.C. – 1521 d.C.

Essa região tem selvas, montanhas e zonas costeiras férteis. Todos os ingredientes necessários para a civilização! Havia diferentes culturas: **olmeca, zapoteca, tolteca, totonaca,** etc. Os mais **famosos são os maias e os astecas (mexicas)**! Alguns desapareceram com o tempo; e outros, como os astecas, caíram com a chegada dos espanhóis.

Dias atuais

É o **México**, com capital na **Cidade do México**. Mas também inclui Guatemala, El Salvador, Honduras, entre outros países.

Escrita

Eles não tinham a mesma língua! Mas todos **escreviam com desenhos** chamados **glifos**. Os maias se destacaram nisso.

40

ONÇA-PINTADA
O animal sagrado e símbolo de poder. Tem as **cores do sol e da noite**!

Onça zapoteca

GUACHIMONTONES

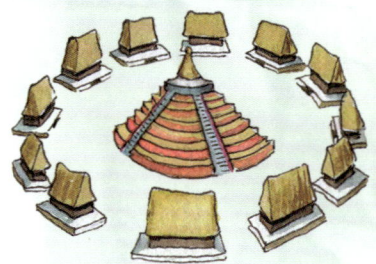

Aqui, eles se cansaram das pirâmides quadradas, então as tornaram **redondas**. Eram mais originais.

TEMPLO MAYOR 
Estava em **Tenochtitlán**. Era escada por toda parte!

CIDADES MAIS IMPORTANTES

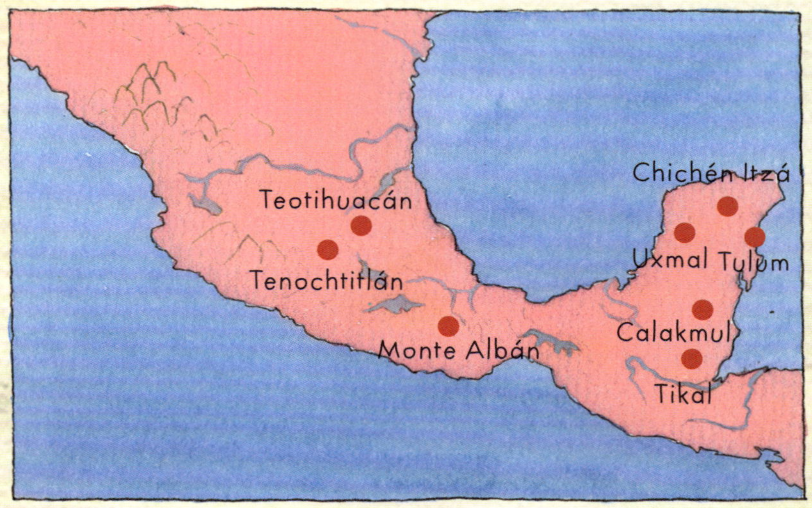

Teotihuacán · Chichén Itzá · Tenochtitlán · Uxmal · Tulum · Monte Albán · Calakmul · Tikal

Teotihuacán
Não se sabe quem a fundou, nem por que a abandonaram. Mas foi uma das cidades mais **impressionantes** da região.

Tenochtitlán
A grande **capital mexicana**. Foi construída sobre um lago e tinha um altar com centenas de crânios humanos.

Tikal
Uma cidade maia muito importante. Estavam sempre **lutando com Calakmul**, sua cidade rival!

TLALOC
Deus da chuva.

TENOCHTITLÁN

MONTE ALBÁN
Os zapotecas **achataram o topo de uma montanha** para construir a sua grande cidade.

Jade
A pedra da moda! Eles fizeram muitas peças lindas com jade, que se mantiveram preservadas.

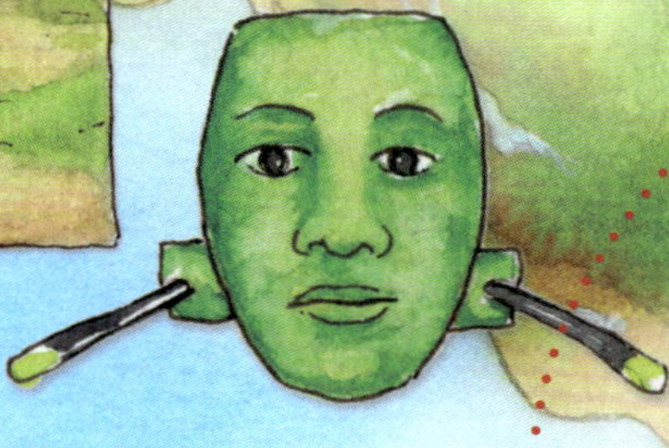

Chichén Itzá

PIRÂMIDE EL TIGRE

Tikal

Esta pirâmide de formato estranho é chamada de **triádica**. Está localizada em El Mirador.

CABEÇAS COLOSSAIS
Os **olmecas** encheram o seu território com essas cabeças gigantes. Até colocaram capacetes nelas!

TEMPLO DE ROSALILA
Estava escondido dentro de outro templo maior!

EL MIRADOR
É a maior das cidades maias, em Tikal.

Este templo é dedicado ao deus **Kukulcán** e está localizado na famosa cidade maia de **Chichén Itzá**.

O CASTELO
As sombras formam o desenho de uma **serpente**! Era a forma que o deus tinha. Se você bater palmas, o som ecoa como o canto do **quetzal**, um pássaro sagrado.

OBSERVADORES

MAIAS

Estas civilizações deram muita importância à **astronomia** e foram muito precisas na previsão de como os planetas se moviam...

Chegaram a ser a cultura mais **avançada** do continente! Nunca foram um império, mas um conjunto de **cidades autônomas**.

O caracol
Estudaram o céu em **observatórios** como este, em Chichén Itzá.

VÊNUS
Era como uma estrela do rock para os maias. Eles seguiam todos os seus passos! Pensavam até que se tratava do deus Kukulcán.

CÓDIGOS MAIAS
Fizeram papel e livros, mas os espanhóis queimaram quase tudo... O mais famoso dos materiais preservados é o **Códice de Dresden**, que explica o calendário.

POPOL VUH
É o grande livro de sua **mitologia**, escrito pelos maias-quiché.

Transformação do corpo
Eles eram bem modernos e adoravam mudar sua aparência física! 

Eles **deformavam** suas **cabeças** e colocavam pedras de jade nos dentes.

Alguns até ficaram **estrábicos** de propósito!

Faziam **tatuagens** e **piercings** bem exagerados.

A RODA MAIA

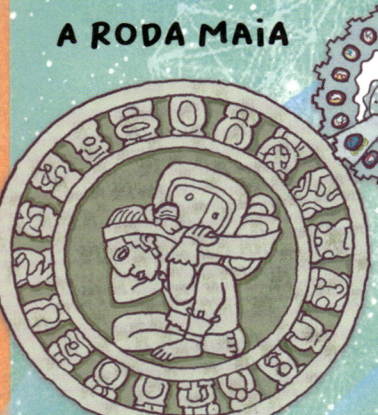

O CALENDÁRIO
Embora toda a Mesoamérica tivesse um calendário semelhante, o **calendário maia** é o mais famoso pela sua precisão e mitologia.

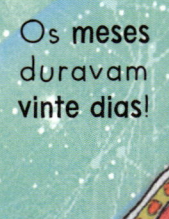

Os **meses** duravam **vinte dias**!

Havia um calendário anual de 365 dias, o *haab*, e outro de 260 dias, o *tzolkin*. No início, eles se desencontravam, mas se alinhavam novamente a cada 52 anos!

O calendário maia tem um ciclo de 5.126 anos que é chamado de **contagem longa**. A última contagem terminou em 2012. Nesse ano, muitas pessoas pensaram que o mundo iria acabar!

CAVEIRAS
Eles tinham uma relação festiva com a morte.

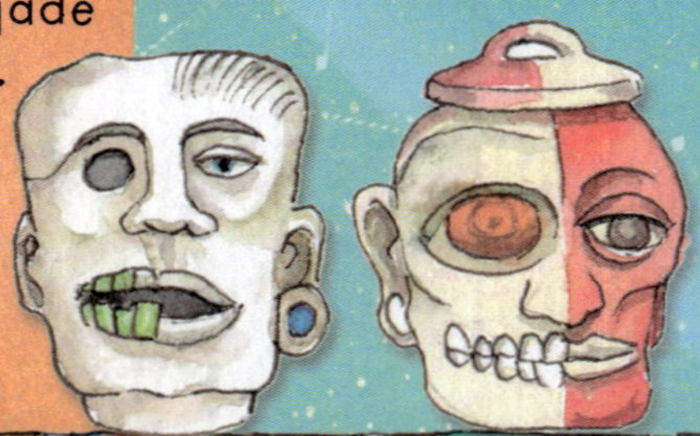

Numeração maia
Eles já conheciam e usavam **o conceito de zero**! E contavam de vinte em vinte.

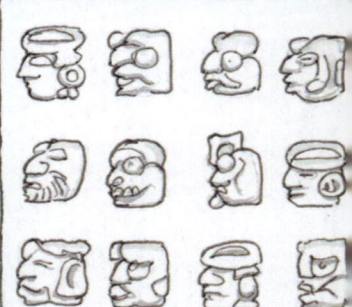

DE ESTRELAS

...e de quando haveria eclipses. Principalmente os maias! As culturas maia e asteca (mexica) são as mais importantes da Mesoamérica.

ASTECAS

PEDRA DO SOL

Não é um calendário, mas representa como **os astecas viam o tempo.** Eles contavam como os maias, mas usando outros nomes.

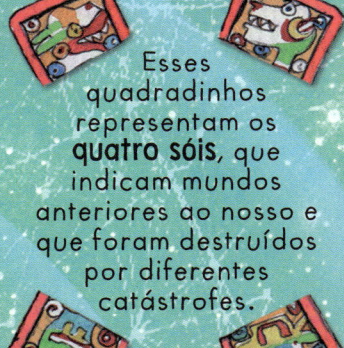

Esses quadradinhos representam os **quatro sóis,** que indicam mundos anteriores ao nosso e que foram destruídos por diferentes catástrofes.

Esse é o **quinto sol, o nosso!**

Os astecas também previam a destruição do nosso mundo, causada por terremotos e pela fome. Tomara que estejam enganados sobre isso!

QUETZALCOATL

O deus mais poderoso. Tinha a forma de uma **serpente emplumada!** Os maias o chamavam de Kukulcán.

Também conhecidos como **mexicas.** Eles abandonaram sua cidade de origem, Aztlán, para criar seu grande império.

TENOCHTITLÁN

O deus da guerra, Huitzlopochtli, ordenou que **eles se instalassem** no lugar onde vissem uma águia comendo uma cobra sobre um cacto.

Foi assim que fundaram Tenochtitlán! Essa imagem pode ser vista no **brasão do México!**

HUITZLOPOCHTLI

Lago de Texcoco

Não havia cavalos na América! Quando os nativos viram os espanhóis chegando de barco, com suas barbas grandes e seus cavalos, ficaram maravilhados.

Tela de tlaxcala

Os **tlaxcaltecas** eram inimigos dos astecas. Por isso, **juntaram-se aos espanhóis** para derrotá-los. Essa tela mostra essa aliança.

MOCTEZUMA XOCOYOTZIN

HERNÁN CORTÉS

Ele foi o *huey tlatoani,* ou seja, o rei asteca, que dialogou com o conquistador espanhol Hernán Cortés, a quem confundiram com o poderoso deus Quetzalcoatl. Esse mal-entendido trouxe consequências terríveis!

IMPÉRIO INCA

Na **Cordilheira dos Andes**, milhares de metros acima do nível do mar e quase ao alcance do céu, foi construído o **maior** (e mais **montanhoso**) **império** da **América do Sul**. Eles o chamavam de Tahuantinsuyo, e o inca era o rei ou imperador.

PACHACUTEC
Esse **grande guerreiro** foi quem fundou o império!

MASCAPAICHA
Era a coroa usada pelo inca.

INTI
O deus Sol. O inca era sagrado porque era descendente de Inti.

ALGUNS DEUSES INCAS

Pachamama
Mãe Terra e deusa da fertilidade.

Continua sendo cultuada em alguns lugares da América Latina. Além disso, muitas pessoas usam seu nome para se referir à natureza!

ATAHUALPA
O último imperador

Os espanhóis o capturaram. Dizem que ele **encheu uma sala com ouro** para ser libertado. Mas no final, **foi traído e assassinado**!

VIRACOCHA
O criador do universo e pai do Inti!

INTI RAYMI
Festival do sol celebrado no solstício de inverno.

COMO E QUANDO VIVERAM

CORDILHEIRA DOS ANDES
1197 d.C. – 1521 d.C.

O Império Inca promoveu séculos de desenvolvimento!

Havia muitas culturas da região, como Caral, Paracas, Nazca, Tiahuanaco e Aimara.

Os incas reuniram todo o conhecimento que tinham para criar seu império, conectando montanhas e desertos com uma grande **rede de caminhos** chamada qhapaq ñan.

Dias atuais
É a **República do Peru e sua capital é Lima**. Também cobriu territórios da Bolívia, Equador, Brasil, Colômbia, Chile e Argentina.

Escrita
Eles falavam o **quíchua**, língua ainda usada por 12 milhões de pessoas.

Mas não tinham escrita!

Usavam o **quipo**, um instrumento de cordas com pequenos nós, com o qual faziam contas com surpreendente precisão.

Mapa:
- Equador
- CHIMÚ
- PERU
- WARI
- Rio Urubamba
- Cusco
- Bolívia
- Lago Titicaca
- Lago Poopó
- TIAHUANACO
- AIMARAS
- Oceano Pacífico
- Argentina

Legenda:
- Pachacuti
- Cultura Chimú
- Expansão de Túpac Yupanqui
- Cultura Nazca
- Tiahuanaco/Aimaras

SACSAYHUAMAN

Essa **fortaleza sagrada** é a maior obra da arquitetura inca. Uma famosa batalha contra os espanhóis aconteceu aqui!

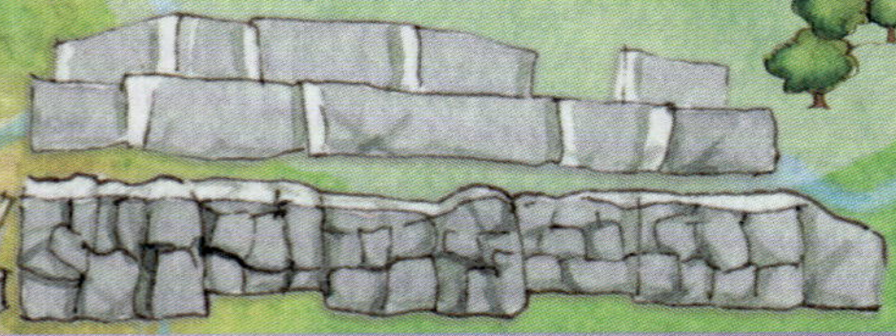

Veja estas paredes!

As pedras foram esculpidas à mão e se encaixavam perfeitamente. Nem um alfinete caberia entre elas!

LINHAS DE NAZCA

Muito antes dos incas, os nazcas fizeram **desenhos gigantes**, que só podem ser vistos do céu. Que incrível!

CIDADES MAIS IMPORTANTES

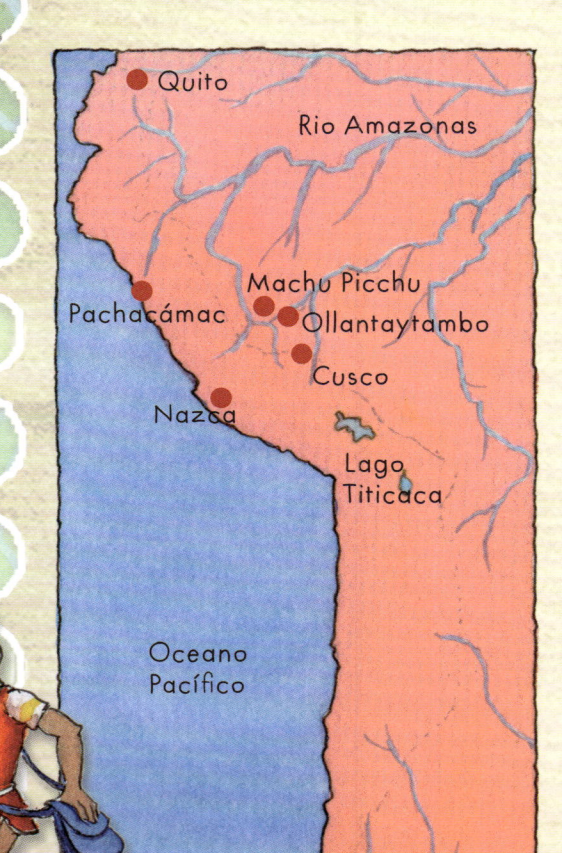

Cusco
A grande capital dos incas. Foi construída com o formato de um puma!

Tomebamba
Foi a segunda capital do império.

Quase foi destruída durante a **guerra civil inca**!

Machu Picchu
É, sem dúvida, a cidade mais famosa e impressionante que a civilização inca deixou.

ANDENES
Eram como **terraços nas encostas** das montanhas feitos para o **cultivo** ou para evitar **deslizamentos de terra**.

CHASQUIS
Esses **mensageiros** corriam (literalmente) para levar notícias a todo o império. Para isso, eles tocavam uma **trombeta** chamada **pututu**.

Eles tinham conhecimento sobre **sistemas hidráulicos**, o que permitia irrigar e abastecer as cidades.

TEMPLO DO SOL
Em **Ollantaytambo**, os incas conseguiram levar seis enormes blocos de pedra até esse templo, localizado no ponto mais alto da região.

Que fofinhas!

LHAMAS E ALPACAS
Tinham diferentes utilidades para os incas: alimento, vestuário, transporte, etc. Você pode diferenciá-las pelas orelhas!

Túpac Amaru
Ele resistiu aos espanhóis em Vilcabamba, o último reduto inca.

Seu descendente, **Túpac Amaru II**, liderou a Grande Rebelião (a maior rebelião anticolonial da América), dois séculos depois.

IRMÃOS PIZARRO

Os conquistadores espanhóis chegaram na região no momento de maior auge. Os incas não conseguiram lutar contra as armas de fogo, e o império caiu em poucos anos.

MACHU PICCHU
É considerada uma das **maravilhas do mundo**. Sua construção se mistura à paisagem!

Praça central
Setor agrícola (terraços)
Templo do Sol
Setor urbano
Acesso à cidade